Immerwährende
ADVENTSKALENDER

**Weihnachtliche DIY-Projekte,
die nachhaltig Freude schenken**

INHALT

Sie suchen nach netten Kleinigkeiten zum Befüllen Ihres Adventskalenders? In Ihrer digitalen Bibliothek können Sie sich mit Inboxing-Videos zu Kalendern dieses Buches inspirieren lassen! Hier finden Sie kleine DIY-Geschenkideen, die perfekt in Ihre Türchen passen! Ihren Freischaltcode finden Sie im Impressum!

VORWORT

Was wäre die Vorweihnachtszeit ohne Adventskalender? Die 24 kleinen Überraschungen versüßen uns nicht nur den Tag, sondern verkürzen auch die Wartezeit bis zum Fest mit Familie und Freunden. Damit Sie und Ihre Liebsten an Ihrem Adventskalender lange Freude haben und nach dem Fest keine Verpackungsreste (und Gewissensbisse) zurückbleiben, finden Sie in diesem Buch 22 DIY-Projekte, die Sie mehrfach wiederverwenden können. Ob aus Glas, Holz, Papier oder Stoff – diese Adventskalender verzaubern sowohl kleine als auch große Weihnachtselfen.

Wir wünschen Ihnen viel Spaß dabei!

Kalender aus
MUFFINFÖRMCHEN

MATERIAL

24 Muffinförmchen in Weiß mit roségoldenen Punkten, ø 6 cm • 24 Stück Seidenpapier in Offwhite, 20 cm x 25 cm
Schere • UHU Klebestift • dünner Draht in Gold

1 Schneiden Sie Seidenpapier in 24 Stücke à 20 cm x 25 cm zu.

2 Bringen Sie auf der Innenseite des Förmchens Kleber mit dem Klebestift auf.

3 Rollen Sie das Seidenpapier der Längsseite auf und stellen Sie die Rolle in das Förmchen. Drücken Sie vorsichtig das Papier an die Innenseite des Förmchens fest und schließen Sie die offene Kante mit etwas Kleber an der Längsseite.

4 Nehmen Sie ein ca. 20 cm langes Stück Draht, legen Sie es um das Seidenpapier und ziehen Sie es zusammen. Verknoten Sie den Draht einige Male vorne und lassen Sie die Enden etwas abstehen.

5 Formen Sie nun aus dem Draht die Zahlen. Dazu schneiden Sie je nach Größe der Zahl ca. 40 - 50 cm lange Drahtstücke zu. Halbieren Sie die Stücke zweimal und verdrehen Sie sie, damit der Draht formstabiler ist. Dann formen Sie die Drahtstücke wie abgebildet in die Form der Zahlen.

6 Hängen Sie nun die geformten Drahtzahlen an die in Form gebrachten Enden des Drahts von Schritt 4.

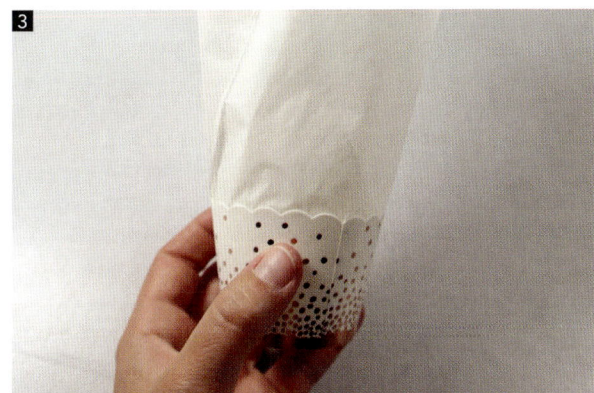

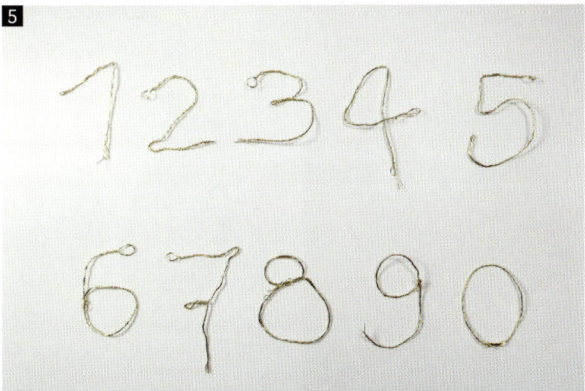

Kleines WEIHNACHTSDORF

MATERIAL

Fotokarton in Rot, Weinrot, Grau, Braun und Tannengrün, 50 cm x 70 cm • Acrylstift in Weiß, 1-2 mm • Bleistift
Schere • Lineal • Sisalschnur in Natur, ø ca. 2 mm, ca. 12 m lang • Lochzange • Falzbein
doppelseitiges Klebeband, 6 mm breit • Vorlage Bogen A

1 Legen Sie die vorher ausgeschnittene erste Vorlage auf einen Bogen Fotokarton in Tannengrün und zeichnen Sie diese mit dem Bleistift auf den Karton ab. Danach mit der Schere die abgezeichnete Vorlage ausschneiden. Mit der zweiten Vorlage wird genauso verfahren. Wiederholen Sie nun das Ganze, bis Sie alle 24 Häuser ausgeschnitten haben. Die Anzahl der verschiedenen Größen und Farben können Sie frei wählen.

2 Mit einem Falzbein und mithilfe eines Lineals werden nun die Seiten gefalzt, die auf der Vorlage gestrichelt eingezeichnet sind. Danach knicken Sie die Kanten, sodass Sie ein fertiges Haus zusammenstecken können.

3 Bevor Sie die Fassade aufmalen und das Haus zusammenstecken, stanzen Sie als Verschluss mit der Lochzange zwei nebeneinanderliegende Löcher auf der oberen Kante am Dach. Hierzu legen Sie beide Dachhälften aufeinander und knipsen gleich beide Dachhälften auf einmal mit der Lochzange durch. So verfahren Sie auch mit dem zweiten Loch, so ist der Abstand der Löcher gleich groß und Sie können sie später problemlos zusammenbinden.

4 Nun kann mit dem weißen Acrylmarker die Fassade der Häuser bemalt werden. Malen Sie nach Belieben Fenster und Türen oder auch mal ein Fahrrad, Büsche oder einen Baum auf die Häuschen. Vergessen Sie nicht, auf jedes Haus eine Zahl zu schreiben.

5 Danach kann das Haus zusammengeklebt werden. Hierfür einen Streifen Klebeband auf die schmale Seitenkante und zwei auf die Innenseite der breiten Laschen am Boden aufbringen. Kleben Sie erst die Seitenlasche zusammen und dann den Boden.

6 Jetzt fehlt nur noch die Sisalschnur, um die Häuschen zu verschließen. Hierfür schneiden Sie ein 50 cm langes Stück von der Sisalschnur ab. Fädeln Sie dieses durch die Löcher und binden Sie es zu einer Schleife zusammen. Hier kann dann das Häuschen immer wieder zum Befüllen geöffnet werden. Fertig ist das erste Häuschen. Wiederholen Sie nun diese Schritte, bis Sie alle 24 Häuschen fertiggestellt haben. Sind Sie mit allen Häuschen fertig, können Sie diese wunderbar als kleines Weihnachtsdorf auf der Fensterbank dekorieren. Mit netten Überraschungen gefüllt ist es eine Freude für die ganze Familie in der Vorweihnachtszeit.

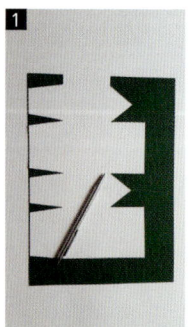

MOTIVGRÖSSE:
40 cm x 40 cm x 6,5 cm

Geschmückte
SCHUBLADENBOX

MATERIAL

Schubladenbox, 40 cm x 40 cm x 6,5 cm • Bleistift • Acrylfarbe in Anthrazit, Gold, Braun, Grün- und Rottönen
Pinsel, rund und flach • Kohlepapier (optional) • Vorlage Bogen B

1 Übertragen Sie mit Kohlepapier oder der Schraffiertechnik (siehe Anleitung Holzschachteln Seite 39) die Vorlage auf die Schubladenbox.

2 Beginnen Sie das Lettering in Anthrazit zu malen. Um eine Faux-Kalligrafie zu erhalten, ziehen Sie die nach unten verlaufenden Linien noch einmal dicker mit dem Pinsel nach.

3 Malen Sie nun alle Beeren mit verschiedenen Rottönen in und um den Kranz und lassen Sie bei manchen Beeren als Glanzpunkt eine kleine runde Auslassung.

4 Fahren Sie nun mit dem Malen der Blätter fort. Malen Sie dazu die jeweils gleichen Blattmotive mit demselben Grünton. Dazu zuerst jeweils einen grünen dünnen Strich malen und dann die Blätter ansetzen. Die Tannenzweige mit einem Flachpinsel strichweise aufbringen.

5 Als Nächstes malen Sie in Braun dünne Äste, um die Beeren mit dem Kranz zu verbinden.

6 Verteilen Sie nach Belieben die Zahlen auf die Kästen und malen Sie sie jeweils mit Gold in eine freie, passende Ecke der Schublade. Mischen Sie, nachdem alles gut getrocknet ist, etwas Gold und Schwarz, um den Zahlen eine Schattierung zu geben, die sie plastischer erscheinen lässt und besser lesbar macht.

7 Malen Sie in Gold- und Beerentönen die Weihnachtskugel rechts vom Wort „Noël" entsprechend der Vorlage.

8 Mischen Sie etwas Gold und Schwarz und fahren Sie alle nach unten laufenden Linien des Schriftzugs etwas dicker und alle nach oben laufenden Linien etwas dünner mit der angemischten Farbe nach.

9 Malen Sie zum Schluss noch den äußeren Rand des Kastens im Farbton der Beeren an, um dem Kunstwerk einen Rahmen zu geben.

Kleine TIERPARADE

MATERIAL

24 Streichholzschachteln, 11 cm x 6 cm • 4 Bögen Kraftpapier A4 in Braun, 300 g • je 1 Bogen Fotokarton A4 in Schwarz, Weiß und Rot,
dünnes Kraftpapier in Braun, 1 Rolle • Bleistift • Acrylstift in Weiß, ø 1-2 mm • Gelstift in Weiß • Fineliner in Schwarz
Fasermaler in Schwarz, Rot und Orange • Lochzange • Rundstanzer, ø 10 mm • Schere • Lineal
doppelseitiges Klebeband, 6 mm breit • 3D-Klebekissen, 1 mm stark • Papierkleber • Stempelfarbe in Schwarz
Clear-Stempelzahlen • Acrylblock zum Stempeln • Haushaltsfeuchttücher • Vorlage Bogen A

1 Legen Sie die vorher ausgeschnittene Vorlage 3 auf einen A4-Bogen Kraftpapier in Braun und zeichnen Sie diese mit dem Bleistift 48 Mal auf das Kraftpapier ab. Danach mit der Schere ausschneiden. Das sind die Seitenteile der Streichholzschachtel. Mit der Vorlage 4 wird genauso verfahren, allerdings nehmen Sie hierfür das dünne Kraftpapier auf der Rolle und schneiden 24 Stücke aus. Mit diesen wird die Streichholzschachtel umklebt.

2 Nun kleben Sie auf die kleinen schmalen Stücke je einen Streifen Klebeband und befestigen dieses an der schmalen Seite des Streichholzschachtel-einschubs. Jetzt wird ein Streifen Klebeband an die Seite der Schachtel geklebt und damit der dünne Papierzuschnitt befestigt. Diesen wickeln Sie fest um die Schachtel und verschließen ihn mit einem Streifen Klebeband, den Sie auf die Innenseite am Ende des Zuschnittes kleben.

3 Weiter geht es mit den Tiermotiven. Hierfür werden die vorher ausgeschnittenen Vorlagen aus Bogen 1 und 2 auf den Fotokarton in Rot, Schwarz, Weiß und das Kraftpapier mit Bleistift abgezeichnet und ausgeschnitten.

4 Auf den Vorlagenbogen 1 und 2 finden Sie Malvorlagen, wie Sie die einzelnen Tiergesichter auf die Schachteln aufmalen können. Für die Augen der Tiere eignen sich ein 10 mm-Rundstanzer und eine normale Lochzange (oder ein Bürolocher). Mit Papierkleber und mit den 3D-Klebkissen kleben Sie die ausgeschnittenen Teile nach dem Bemalen auf die Schachteln. Es befinden sich 12 verschiedene Tiermotive auf den Vorlagen, so können Sie jedes Motiv zweimal nachbasteln oder sich Ihre Lieblingsmotive aussuchen.

5 Zum Schluss werden die Zahlen 1 bis 24 an der rechten oder linken unteren Ecke aufgestempelt. Hierfür nehmen Sie die Clear-Stempelzahlen und stempeln diese mit schwarzer Stempelfarbe auf. Da die Schachteln leer sind, ist zum Stempeln kein fester Untergrund da. Damit Sie einen klaren Abdruck erhalten, schieben Sie den inneren Teil aus der Schachtel und drücken mit den Fingern an der Stelle von Innen gegen die Schachtel, an der Sie den Stempel aufsetzen, so bekommen Sie ein schönes Stempelergebnis.

Die Stempelfarbe können Sie super mit Haushaltsfeuchttüchern von den Clear-Stempeln entfernen, wenn Sie die Farbe wechseln. (Verwenden Sie keine Baby-Feuchttücher, denn diese sind ölhaltig und die Farbe würde bei weiterem Stempeln schmieren.)

6 Nun ist der Streichholzschachtel-Adventskalender fertig und Sie können jede Menge kleine Überraschungen verstecken. Eine nette Idee für große und kleine Tierliebhaber!

Tipp

Arbeiten Sie immer an einer Schachtel, ein Gesicht nach dem anderen, in dieser Reihenfolge: Vorlage ausschneiden, Gesicht aufmalen und dann zusammensetzen. So kommen Sie nicht mit den einzelnen Vorlagen durcheinander. Zum Stempeln mit dem Clear-Stempel verwenden Sie als Untergrund am besten einen Acrylblock, auf den Sie die Zahlen aufkleben.

Makramee-
ADVENTSKALENDER

MATERIAL

Makramee-Garn aus Baumwolle in Natur, ø 3 mm, ca.120 m lang • Ast oder Rundholzstab, ca. 80 cm lang • Kamm oder Tierhaarbürste
Bleistift • Schere • Skalpell • Schneideunterlage • Lineal • 10 Bogen Tonpapier A4 in Gold und Weiß • je 1 Bogen Fotokarton A4
in Gold und Weiß • Mini-Holzwäscheklammern, 35 mm • Falzbein • doppelseitiges Klebeband, 6 mm breit
Papierkleber • Stern-Stanzer mini, 9 mm • Stern-Stanzer, 15 mm • Stern-Stanzer, 24 mm • Stern-Stanzer, 35 mm
Stempelfarbe in Schwarz • Clear-Stempelzahlen • Acrylblock zum Stempeln • Haushaltsfeuchttücher • Vorlage Bogen A

Die Makramee-Grundknoten finden Sie auf Seite 71-74

1 Sie beginnen mit dem Wandbehang! Hierfür nehmen Sie Ihren Holzstab und befestigen in der Mitte des Stabes mit den Ankerknoten von hinten geknotet fünf Makramee-Stränge mit je 4,5 m Länge, sodass beide Seiten der Stränge gleich lang sind.

2 Weiter geht es mit den Rippenknoten. Dafür nehmen Sie den mittleren Strang als Leitfaden und legen den rechten Strang über die rechte Seite nach unten und den linken Strang über die linke Seite nach unten und knoten die anderen Fäden drum herum, sodass das Muster von der Mitte schräg nach unten läuft.

3 Danach folgt ein Kreuzknoten. Dieser wird mit je zwei Fäden rechts und links geknotet, vier Fäden liegen in der Mitte. Die Leitfäden legen Sie vorher zur Seite. Mit diesen wird jetzt die Raute vervollständigt, indem die Leitfäden zur Mitte geführt werden. Wiederholen Sie diese Vorgänge, bis Sie zehn Rauten geknotet haben.

4 Jetzt befestigen Sie rechts neben dem fertigen Rippenknotenstrang zwei Stränge mit je 3,5 m Länge mit den Ankerknoten von hinten geknotet so, dass die zwei in der Mitte liegenden Fäden ca. 90 cm lang sind. Die außen liegenden Knüpffäden sind dann deutlich länger. Knoten Sie mit diesen 65 Kreuzknoten.

5 Nun werden wieder mit den von hinten gelegten Ankerknoten zwei Stränge mit je 3,5 m Länge befestigt und auch hier sollten die in der Mitte liegenden Fäden eine Länge von je 90 cm haben. Mit den außen liegenden Fäden werden 138 Wellenknoten geknotet.

6 Wiederholen Sie jetzt die Arbeitsschritte von Step 4 und knoten Sie in diesen Strang 60 Kreuzknoten.

7 Weiter geht es mit dem Befestigen von drei Strängen mit je 3,5 m Länge mit den nach hinten gelegten Ankerknoten, sodass alle Stränge gleich lang sind. Jetzt knoten Sie den Rippenknoten so, dass Sie den äußersten linken Faden als Leitfaden nehmen und schräg nach rechts unten über die anderen Fäden legen und diese drum herum knoten. Dann läuft der Leitfaden in die andere Richtung schräg nach links unten. So entsteht ein Zick-Zack-Muster. Wiederholen Sie die Vorgänge, bis Sie 15 Zacken geknotet haben.

8 Nun wiederholen Sie die Schritte von Step 5 und knoten Sie 115 Wellenknoten.

9 Jetzt folgt der letzte Strang für die rechte Seite. Hierfür werden die Arbeitsschritte von Step 4 wiederholt und 50 Kreuzknoten geknotet.

10 Wiederholen Sie nun alle Arbeitsschritte von Step 4-9 zur linken Seite. Achtung, bei Step 5 muss der Rippenknoten nach links angefangen werden.

11 Sind alle Stränge fertig, wird am Ende jeden Stranges ein Überhandknoten als Abschluss geknotet und die restlichen Fäden werden nach 10 cm Länge abgeschnitten.

12 Ganz zum Schluss können Sie die Enden noch mit einem Kamm oder einer Tierhaarbürste auskämmen. Nun ist der Wandbehang fertig und Sie haben eine schöne Deko für das ganze Jahr.

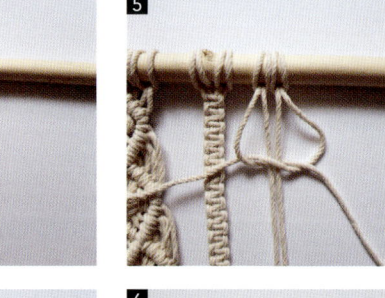

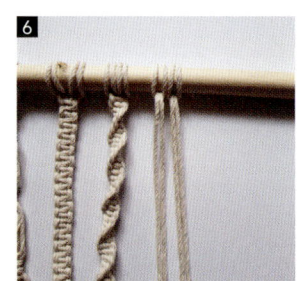

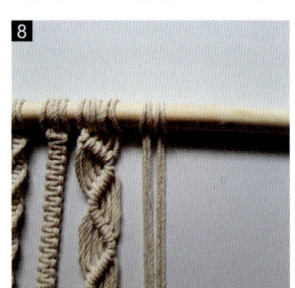
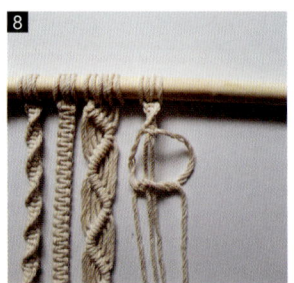

13 Weiter geht es mit den Gutschein-Briefchen. Legen Sie sich die vorher ausgeschnittene erste Vorlage auf einen Bogen Tonpapier in Gold und zeichnen Sie diese mit dem Bleistift auf das Tonpapier ab. Danach mit der Schere ausschneiden. Mit den restlichen drei Vorlagen genauso verfahren. Wiederholen Sie nun das Ganze, bis Sie alle 24 Kuverts ausgeschnitten haben. Die Anzahl der Größe und Farbe Gold/Weiß können Sie frei wählen.

14 Nun werden mit einem Skalpell auf einer Schneideunterlage die Schlitze für den Verschluss der Kuverts eingeschnitten.

15 Mit Falzbein und Lineal werden jetzt die Seiten gefalzt, die auf der Vorlage gestrichelt eingezeichnet sind. Danach knicken Sie die Kanten, sodass Sie ein fertiges Kuvert zusammenstecken können.

16 Jetzt kleben Sie auf die untere Lasche rechts und links einen Streifen doppelseitiges Klebeband und kleben mit diesen das Kuvert zusammen. Die obere Lasche wird nur zusammengesteckt.

17 Mit den Sternstanzern à 24 mm und 35 mm stanzen Sie in Gold und Weiß Sterne aus dem Tonpapier aus und kleben diese auf eine Ecke der größeren Kuverts.

18 Nun werden die Zahlen 1 bis 24 mit den Clear-Stempeln auf die aufgeklebten Sterne gestempelt, bei den kleinen Kuverts wird direkt auf das Kuvert gestempelt.

19 Jetzt können Sie noch mit den kleineren Sternstanzern Sterne zur Verzierung ausstanzen, auf den Kuverts verteilen und aufkleben. Auch auf den Wäscheklammern sehen kleine Sterne zur Verzierung schön aus. Hierfür nehmen Sie den dickeren Fotokarton zum Stanzen.

20 Zum Schluss stecken Sie in jedes Kuvert ein Kärtchen mit einem Gutschein oder auch einen schönen Spruch. Befestigen Sie die fertigen gefüllten Kuverts nach Belieben mit den Wäscheklammern am Wandbehang.

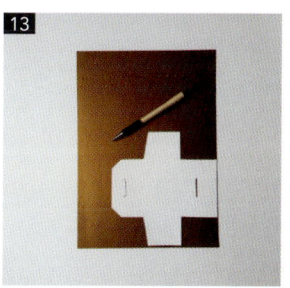
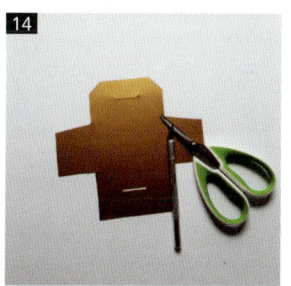

Tipp

Wenn Sie auf das goldene Papier stempeln und dieses eine glatte Oberfläche hat, sollten Sie die Stempelfarbe zuerst trocknen lassen, bevor Sie die Kärtchen an den Wandbehang knipsen, sonst verwischt die Farbe.

MOTIVGRÖSSE:
Haus: ca. 17,5 cm x 11 cm
Wimpel: ca. 16 cm x 12 cm

STOFFGIRLANDE

MATERIAL

Stoff in Rot und Grau mit Schneeflockenmuster, je 0,5 m x 1,8 m • Zackenschere • Stoffnadeln • Stoffklammern • Nähmaschine
Nähgarn in Rot und Hellgrau • 24 Adventszahlen aus Holz, ø 3,5 cm • 24 Maulklammern in Gold, 3 cm breit
Baumwollfaden in Beige, ca. 3,5 m lang • Vorlage Bogen B

1 Schneiden Sie die Vorlagen zu und halbieren Sie den Stoff einmal an der langen Kante.

2 Für die Wimpel legen Sie die Vorlage auf den gefalteten Stoff, befestigen sie mit Nadeln und schneiden sie mit der Zackenschere aus.

3 Schlagen Sie den oberen kurzen Rand an Vorder- und Rückseite ca. 1 cm nach innen um, bügeln Sie die Kanten ggf. oder befestigen Sie sie mit Klammern. Nähen Sie mit Geradstich einmal füßchenbreit über die umgeschlagenen Kanten und schneiden Sie die überstehenden Nahtzugaben anschießend zurück.

4 Legen Sie nun beide Teile rechts auf rechts aufeinander und nähen Sie einmal knappkantig außen herum. Lassen Sie dabei die obere umgenähte Kante als Öffnung. Scheiden Sie zum Schluss die Nahtzugabe zurück und wenden Sie den Wimpel.

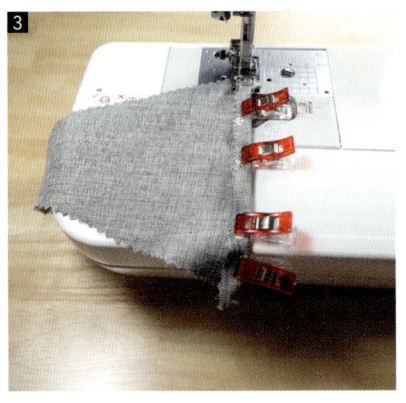

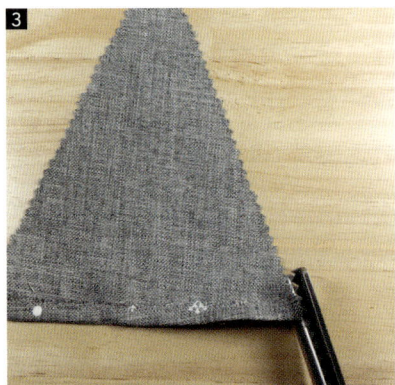

5 Legen Sie für das Haus die Vorlage auf die untere Kante des Stoffes, also auf den Stoffbruch. Stecken Sie alles fest und scheiden Sie das Stoffstück mit der Zackenschere zu.

6 Schlagen Sie die beiden Schrägen wie auf dem Foto 1 cm nach innen um, bügeln Sie sie ggf. und stecken sie fest. Nähen Sie mit Geradstich einmal füßchenbreit über die umgeschlagenen Kanten und schneiden Sie die überstehenden Nahtzugaben anschießend zurück.

7 Klappen Sie das Haus rechts auf rechts im Stoffbruch und nähen Sie einmal knappkantig außen herum. Lassen Sie dabei die umgenähte Kante als Öffnung. Schneiden Sie zum Schluss die Nahtzugabe zurück und wenden Sie das Haus.

8 Befestigen Sie die Häuser und Wimpel mit Maulklemmen an der Schnur und bringen Sie dazu jeweils einen Zahlen-Holzanhänger mit an.

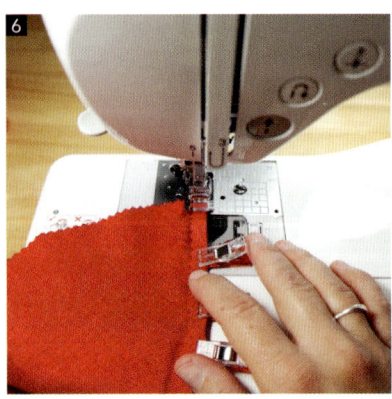
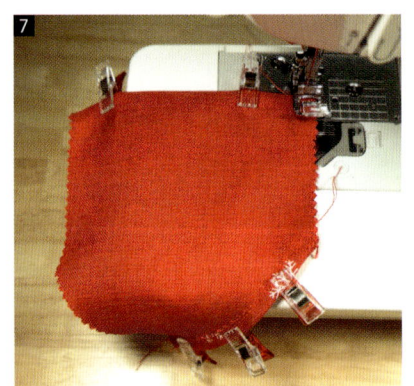

Geschmückter
TANNENBAUM

MATERIAL

Holzbretter, 1,8 cm stark, 12 cm breit, in den folgenden Längen: 13 cm, 25 cm, 37 cm, 49 cm, 61 cm, 73 cm, 85 cm, 135 cm
Stich- oder Handsäge • Schraub- oder Federzwingen • Schmirgelpapier • Geodreieck® oder Schmiege
Akkuschrauber • Holzbohrer, ø 2 mm und 4,5 mm • Holzsenker • Schrauben, 5 mm x 30 mm • 24 Schraubhaken, 2,6 mm x 30 mm
24 Säckchen, 10 cm x 15 cm • Zahlenstempel aus Silikon, ø 2,5 cm • Acrylstempelblock für Silikon- und Gummistempel
Stempelfarbe für Textilien in Dunkelblau • 5 Strohhalme in Gold, 20 cm lang • Faden in Gelb, ca. 1,5 m lang • Vorlage Bogen A

1 Sägen Sie alle Holzbretter auf die in der Materialliste angegebenen Maße zu und übertragen Sie die Schrägen anhand der Vorlage jeweils rechts und links auf die Bretter (außer auf das 135 cm lange Brett, das ist der „Stamm").

2 Anschließend sägen Sie alle Schrägen zu und glätten raue Kanten mit einem Schmirgelpapier.

3 Legen Sie den Stamm nun auf den Boden und positionieren Sie darauf alle zugeschnittenen Stücke. Dazu beginnen Sie mit dem kleinsten Stück, das Sie 8 cm von der oberen Spitze auflegen und so anordnen, dass es mittig liegt und rechts und links gleich viel überragt. Das nächstgrößere Stück positionieren Sie 4,5 cm darunter. Diesen Abstand können Sie am besten mit einem Abstandshalter, z.B. einer Schachtel, gleichmäßig messen. Übertragen Sie mit einem Bleistift jeweils die Position der oberen und unteren Kante jedes Querbrettes auf den Stamm.

4 Für die Spitze der Tanne legen Sie nochmals das kleinste Querstück 8 cm von der oberen Kante auf den Stamm und positionieren es mittig. Übertragen Sie am oberen Ende die Spitze auf den Stamm, indem Sie die Schrägen des Querstücks nach oben zur Spitze verlängern, bis sich die Linien treffen. Sägen Sie dann die Spitze zu.

5 Zeichnen Sie nun auf dem Stamm die Position der Bohrlöcher ein, indem Sie die jeweils diagonal gegenüberliegenden Ecken der Querlinien mit einer Linie verbinden. Markieren Sie auf diesen Linien 4 cm von jeder Ecke aus einen Punkt. Bohren Sie dort mit einem 4,5-mm-Bohrer die Löcher vor.

6 Legen Sie nun alle Querbretter wieder auf den Stamm und halten Sie sie mit Zwingen in Position. Dabei am besten wieder mit einem Abstandshalter wie einer Schachtel arbeiten, um die Abstände zum sich darunter befindenden Querbrett gleichmäßig zu halten. Achten Sie zudem darauf, dass die Querbretter mittig liegen und rechts und links gleich weit herausragen, damit die Schrägen fluchten. Bohren Sie nun durch die bereits vorgebohrten Löcher in die darunterliegenden Querbretter Löcher und achten Sie darauf, diese nicht zu tief zu bohren. Mit einem Senker die Löcher für die Schraubenköpfe versenken. Alle Teile mit Schrauben verbinden.

7 Bestempeln Sie alle Säckchen mit Zahlenstempeln und Stempelfarbe im unteren rechten Eck.

8 Ziehen Sie für den Stern mithilfe einer Stopfnadel einen Faden durch alle fünf Strohhalme und verknoten Sie die Enden locker miteinander.

Kreuzen Sie die beiden oberen Strohhalme wie abgebildet. Klappen Sie dann die Spitze nach oben und schieben Sie sie danach unter dem Querhalm hindurch. Ziehen Sie die unteren Teile auseinander und formen Sie einen Stern.

9 Legen Sie die Säckchen auf den fertigen Tannenbaum, um die Anordnung festzulegen, und zeichnen Sie die Position auf die Bretter. Bohren Sie mit einem 2 mm-Bohrer ca. 1 cm vom oberen Rand jedes Bretts Löcher vor, in die Sie dann die Hakenschrauben eindrehen.

10 Verknoten Sie die Schlaufen der Säckchen einfach auf der Rückseite und legen Sie sie dann wieder nach vorne. Den Knoten über den Haken hängen und die Schlaufen auf der Vorderseite nach links mit einem Knoten festziehen. Bringen Sie den Stern am oberen Haken an und wickeln Sie den überstehenden Faden um den Schraubhaken, um ihn zu verstecken.

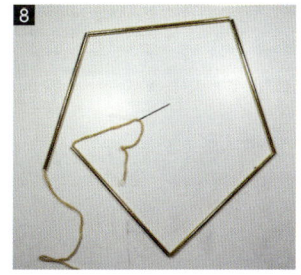

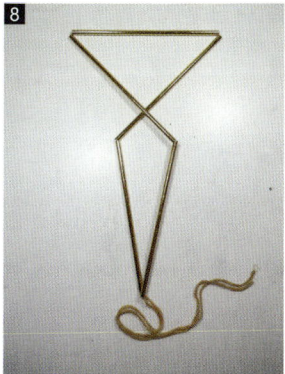

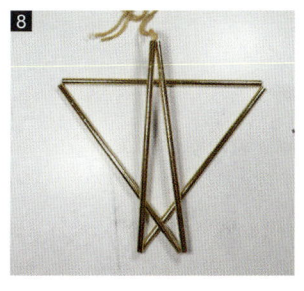

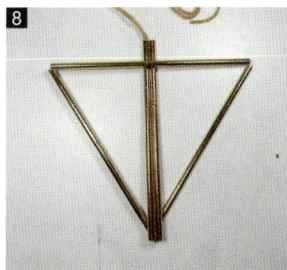

Post vom
WEIHNACHTSMANN

MATERIAL

12 Bogen Fotokarton A4 in Weiß • 12 Bogen Kraftpapier A4 in Braun, 300 g • Bleistift • Schere • Lineal
Bäckergarn in Rot-Weiß, ø 1mm, 20 m lang • Falzbein • doppelseitiges Klebeband, 6 mm breit
Stempelfarbe in Schwarz und Rot • Clear-Stempelzahlen und Poststempel • Acrylblock zum Stempeln
Haushaltsfeuchttücher • Vorlage Bogen A

1 Legen Sie sich die vorher ausgeschnittene Vorlage 1 auf einen Bogen Kraftpapier in Braun und zeichnen Sie diese mit dem Bleistift auf das Kraftpapier ab. Danach mit der Schere ausschneiden. Mit der Vorlage 2 wird genauso verfahren. Wiederholen Sie nun das Ganze, bis Sie alle 24 Päckchen ausgeschnitten haben. Die Anzahl der Größe und Farben können Sie frei wählen.

2 Mit Falzbein und Lineal werden nun die Seiten gefalzt, die auf der Vorlage gestrichelt eingezeichnet sind. Nehmen Sie die Vorlagen 3 und 4 zum Falzen der Rundung zur Hilfe. Danach knicken Sie die Kanten (vorsichtig bei den Rundungen), sodass Sie ein fertiges Päckchen vor sich haben.

3 Nun geht es weiter mit dem Stempeln des Musters. Auf die linke untere Seite stempeln Sie die Zahlen 1 bis 24 in Rot oder Schwarz je nach

Wunsch. Die Poststempelsymbole verteilen Sie je nach Geschmack auf den Päckchen, oben rechts sollte eine Art Briefmarke gestempelt werden. Auch hier können Sie selbst entscheiden, welchen Stempel Sie in Rot oder in Schwarz wählen.

4 Jetzt wird an der schmalen Lasche ein Steifen doppelseitiges Klebeband befestigt und dort das Päckchen zusammengeklebt. Die seitlichen Laschen werden vorsichtig nach innen gedrückt.

5 Zum Schluss schneiden Sie vom Bäckergarn je ca. 80 cm ab und binden es mit einer kleinen Schleife um das Päckchen. Vorher sollten Sie die Päckchen mit kleinen Überraschungen füllen.

6 Schon ist der etwas andere Adventskalender fertig. In einem Sack dekoriert hat er gleich noch eine andere Wirkung.

Tipp

Zeichnen Sie die Vorlage 3 und 4 auf ein Stück dicken Fotokarton und schneiden Sie diese als Vorlagen aus. Zum Falzen der Rundungen legen Sie die Vorlagen jeweils auf den Päckchenzuschnitt und falzen mit dem Falzbein an der Kante des Fotokartons die Rundung nach.

MOTIVGRÖSSE:
ca. 55 cm x 70 cm

Weihnachtlicher
TANNENWALD

MATERIAL

Filz in Dunkelgrau, Hellgrau, Petrol und Gelb, 1,5 mm stark • Faden in Hellgrau • Schere
Nähgarn in Dunkelgrau, Hellgrau, Petrol und Gelb • Nähmaschine • Stoffnadeln • Stoffklammern • Wäscheklammern aus Holz, 7 cm
Perlstift in Schwarz • Dübelstab, ø 1,2 cm, 80 cm lang • Vorlage Bogen A

1 Schneiden Sie die Vorlagen zu und befestigen Sie sie jeweils mit einer Stecknadel auf dem entsprechenden Filz. Für den Kalender benötigen Sie insgesamt 48 Teile, da Sie von jedem eine Vorder- und Rückseite brauchen, d.h.: Großer Stern in Gelb 4-mal; kleiner Stern in Gelb 6-mal; große Glocke in Gelb 2-mal; kleine Glocke in Gelb 4-mal; Tannenbaum Größe 1 in Dunkelgrau 4-mal, in Hellgrau 4-mal, in Petrol 4-mal; Tannenbaum Größe 2 in Dunkelgrau 4-mal, in Hellgrau 2-mal, in Petrol 2-mal, Tannenbaum Größe 3 in Dunkelgrau 2-mal, in Hellgrau 2-mal, in Petrol 4-mal, Tannenbaum Größe 4 in Dunkelgrau 2-mal, in Hellgrau 2-mal, in Petrol 2-mal.

2 Schneiden Sie 24 Stücke des Fadens auf 55 cm Länge zu.

3 Bei den Bäumen und den Glocken den Faden oben mittig zwischen die Filzlagen legen und mit einer Stoffklammer befestigen. Der Faden wird beim Zusammennähen mit befestigt.

4 Beginnen Sie an der unteren Kante des Tannenbaums bzw. der Glocke ca. ⅓ von der linken unteren Spitze bzw. Rundung entfernt knappkantig im Uhrzeigersinn entlang der Kante, mit einem Geradstich zu nähen.

5 Nähen Sie immer bis ca. 5 mm vor die Spitzen bzw. Rundung und heben das Füßchen an, während die Nadel im Stoff verbleibt. Drehen Sie die Tanne bzw. die Glocke entsprechend und nähen Sie weiter. Damit Ihnen das Füßchen nicht nach hinten kippt und den Stoff in die Maschine zieht, ist es ratsam, ein gleichdickes Stück Filz direkt dahinter zu legen.

6 Nähen Sie nur ca. bis ⅓ von der rechten Spitze bzw. Rundung entfernt die untere Kante zu, sodass eine Öffnung zum Befüllen bleibt. Verriegeln Sie den Anfang und das Ende, indem Sie ein Stück zurücknähen, damit die Naht an der Öffnung beim Befüllen des Kalenders nicht aufreißt.

7 Positionieren Sie beim Stern den Faden zur Aufhängung zwischen den Stofflagen ein kleines Stück neben der Spitze, an der sich die Öffnung zum Befüllen befinden soll, da sich diese beim Stern nicht unten, sondern rechts bzw. links befindet, und stecken Sie ihn fest.

8 Beginnen Sie nun einmal knappkantig im Uhrzeigersinn an der Kante entlangzunähen.

9 Nähen Sie wie bei den Tannen, bis ca. 5 mm vom Rand der Spitze und heben Sie das Füßchen an, während die Nadel im Stoff verbleibt, und drehen Sie den Stern entsprechend dabei. Um ein Abkippen des Füßchens zu vermeiden auch hier ein Stück gleich dicken Filz direkt dahinter legen.

10 Lassen Sie eine Öffnung zum Befüllen und verriegeln Sie den Anfang und das Ende, indem Sie ein Stück zurücknähen, damit die Naht an der Öffnung beim Befüllen des Kalenders nicht aufreißt.

11 Malen Sie mit einem Perlstift Zahlen entsprechend der Vorlagen auf das untere Ende der Wäscheklammern, die bei den Tannen als Stamm, bei den Glocken als Klöppel und bei den Sternen als Schweif dienen. Achten Sie darauf, dass die fünf Zahlen, die Sie sich für den Schweif der Sterne aussuchen, nicht hochkant, sondern quer auf die Klammern gemalt werden.

12 Ordnen Sie alle Filzteile wie auf dem Foto an und knoten Sie sie mit dem Faden an den Dübelstab. Überstehende Fadenstücke abschneiden. Befestigen Sie einen ca. 1,5 m langen Faden an beiden Enden des Dübelstabs und hängen Sie den Kalender mit einem Nagel an die Wand.

13 Entfernen Sie nacheinander die Wäscheklammern, um die Säckchen zu befüllen, und verschließen Sie sie wieder mit den Klammern.

Kalender
MIT STIEFELN

MATERIAL

6x Baumwollstoff in verschiedenen Farben und Mustern, je 50 cm breit, 40 cm hoch (jede Stiefelvorlage hat ein Maß von ca. 15 cm x 12 cm)
Stoffmarkierstift, selbstlöschend • Zackenschere • Stoffnadeln • Stoffklammern • Nähmaschine • farblich passendes Nähgarn
Satinband in Weiß, 3 mm x 6 m lang (jede Aufhängung ist 25 cm lang) • Tonkarton in Braun, A4 • Locher • Schere
Filzmarker in Metallic-Rosa • 3 Dübelstäbe, ø 2,2 cm, 1 m lang • Haushaltsgummi • Paketschnur, ø 3 mm, ca. 3 m lang
Baumwollfaden in Offwhite, ca. 5 m lang • 3 Gummipuffer, ø 2 cm • Vorlage Bogen A

1 Halbieren Sie den Stoff rechts auf rechts und legen Sie die Stiefel-Vorlage darauf. Zeichnen Sie mit einem Stoffmarkierer die Umrandung nach. Achten Sie bei Musterstoffen darauf, dass die Muster auf der Stiefelrückseite zum Schluss nicht auf dem Kopf stehen, indem Sie den Stoff nicht nur umklappen, sondern auseinanderschneiden und die Rückseite um 180 Grad drehen.

2 Stecken Sie die beiden Teile mit Stecknadeln aufeinander fest. Mit einer Zackenschere die 24 Paar Stiefel zuschneiden. Die Nahtzugabe von 1 cm ist in der Vorlage enthalten.

3 An der geraden Oberkante die 1 cm Nahtzugabe auf die rechte Stoffseite umklappen und feststecken oder ggf. umbügeln. Die Nahtzugabe

knappkantig mit einem Geradstich an der oberen Bruchkante absteppen.

4 Damit beide Stiefelteile gleich hoch sind, beide Teile zusammengesteckt lassen und erst die eine Seite umnähen und dann die andere Seite anhand der umgenähten Seite umfalten und umnähen.

5 Für die Aufhängung 24 Stücke Satinband in einer Länge von ca. 25 cm zuschneiden, mittig falten und wie abgebildet zwischen die Stoffteile legen und feststecken. Den Stiefel einmal ringsherum mit einem Geradstich knappkantig absteppen und dabei die obere Öffnung aussparen. Verriegeln Sie die Kanten oben, damit beim Befüllen der Stiefel die Naht nicht aufreißt. Drehen Sie anschließend die Stiefel auf links.

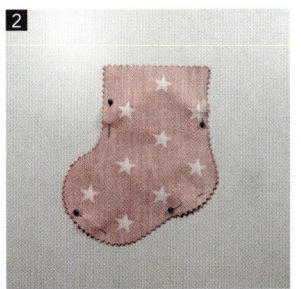

6 Schneiden Sie mithilfe der Vorlage die Anhänger aus Tonkarton zu und lochen Sie in die obere Kante ein Loch mit dem Locher. Beschriften Sie die Anhänger mit dem Filzmarker und schreiben Sie dazu die Zahlen in Worten wie abgebildet.

7 Legen Sie die drei Dübelstäbe aufeinander und befestigen Sie sie unten mit einem Haushaltsgummi zur besseren Handhabung. Umwickeln Sie die oberen Enden einige Male mit der Paketschnur. Überkreuzen Sie dabei auch zwischen den Stäben und verknoten Sie alles gut. Befestigen Sie an den unteren Enden die Gummipuffer und ziehen Sie die Stäbe auseinander.

8 Knoten Sie den Baumwollfaden an einem der Dübelstäbe oben fest und umwickeln Sie die drei Dübelstäbe im Uhrzeigersinn wie gezeigt.

9 Befestigen Sie nun die Anhänger an den Satinbändern der Stiefel und knoten Sie sie an den quer laufenden Baumwollfäden fest. Ziehen Sie die Dübelstäbe auseinander, sodass die Fäden auf Spannung sind. Die Gummipuffer helfen, dass sie nicht verrutschen.

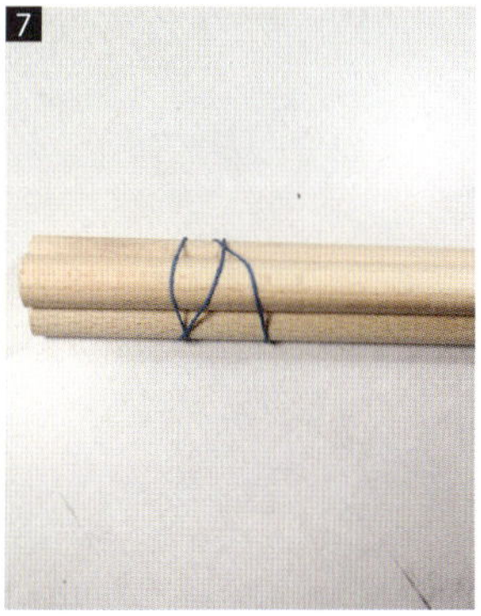

Glänzendes PAPIERROLLEN-HÄUSCHEN

MATERIAL

24 Toilettenpapierrollen • Fotokarton A4 in Rot, 2 Bogen • Fotokarton A4 in Gold, 4 Bogen • Tonpapier A4 in Gold, 16 Bogen
Bleistift • Schere • Lineal • Lochzange • Falzbein • Cutter • Sternstanzer, 47 mm x 44 mm • Adventszahlen-Sticker Sterne
Kordel in Gold, ø 1 mm, 1 Rolle • doppelseitiges Klebeband, 6 mm breit
Form Board-Reste, 5 mm bis 10 mm, oder Plakatkarton • Weihnachtsstoff-Reste, ca. 25 cm x 25 cm, 24 Stück
Heißklebepistole • Vorlage Bogen B

1 Zeichnen Sie die vorher ausgeschnittene auf das Tonpapier in Gold 48-mal auf und schneiden Sie diese aus. Messen Sie vorher noch einmal den Umfang der Toilettenpapierrollen, denn dieser ist bei jeder Firma anders. Die Vorlage hat die Maße von 10 cm x 15 cm; bedenken Sie, dass die Enden zum Zusammenkleben 1 cm überstehen müssen.

2 Nun vom doppelseitigen Klebeband zwei kleine, ca. 1 cm lange Stückchen abschneiden und rechts und links in die Toilettenpapierrolle kleben, dann ein Stück goldenen Zuschnitt zusammenrollen und in die Rolle stecken und mit den kleinen Klebestreifen fixieren, sodass das Papier fest in der Rolle sitzt. Danach auf einen weiteren goldenen Zuschnitt einen Streifen vom Klebeband an einer der schmalen Seiten befestigen und mit diesen das Papier an der Toilettenpapierrolle außen festkleben. Wenn Sie das Papier um die Toilettenpapierrolle legen, überlappt es um ca. 1 cm. Nun

kleben Sie auf die Innenseite am Ende des Papieres wieder einen Streifen Klebeband und verschließen mit diesem die Rolle. Jetzt ist die Toilettenpapierrolle innen wie außen mit goldenem Papier ummantelt.

3 Jetzt werden mit dem Sternstanzer 24 Sterne aus dem goldenen Fotokarton ausgestanzt. Auf diesen kleben Sie die Adventskalender-Zahlen. Die Sterne werden an der oberen Ecke mit der Lochzange gelocht.

4 Nun nehmen Sie die Lochzange und stanzen mit dieser in der Mitte, am äußeren Rand der Toilettenpapierrolle, ein Loch. Achten Sie darauf, dass Sie alle Toilettenpapierrollen so drehen, dass das überlappende Ende unten liegt. Danach schneiden Sie von der dünnen Goldkordel ca. 40 cm ab und befestigen den Stern mit einer kleinen Schleife an der Rolle. Diesen Vorgang wiederholen Sie mit allen Rollen.

5 Weiter geht es mit dem Zusammenkleben der Toilettenpapierrollen. Hierfür kleben Sie seitlich einen Streifen vom Klebeband auf eine Rolle und drücken die nächste Rolle an die erste. Wiederholen Sie den Vorgang, bis Sie eine Reihe mit fünf Rollen haben. Nun folgt die zweite Reihe, hierfür kleben Sie wieder seitlich und auch mittig auf die untere Rolle einen Streifen Klebeband. Drücken Sie Rolle für Rolle zusammen. Es werden vier Reihen mit je fünf Rollen geklebt, danach eine Reihe mit drei Rollen und als Spitze noch eine Rolle. Fertig zusammengeklebt sollte das Haus wie auf dem Bild aussehen.

6 Damit der Kalender seine Stabilität bekommt, wird nun mit einer Form Board-Platte ein kleines Haus um die Toilettenpapierrollen gebaut. Sie können hierfür eine Form Board-Platte mit 5 mm Stärke oder mit 10 mm Stärke verwenden, so wird das Haus richtig stabil und Sie können es mehrere Jahre befüllen. Haben Sie gerade keine Form Board-Platte zur Hand, können Sie das Haus auch mit einem stärkeren Plakatkarton bauen. Die zusammengeklebten Toilettenpapierrollen auf die Platte legen und ausmessen, wie groß die Rückseite des Hauses sein muss. Meine Maße für die Rückwand sind: Breite 25 cm, Seitenhöhe 15,5 cm, Giebelhöhe 27,5 cm, Dachschräge 17,5 cm. Zeichnen Sie die ausgemessen Maße auf und schneiden Sie die Platte mit dem Cutter aus. Wiederholen Sie die Vorgänge mit den Seitenteilen. Meine Maße für die Seitenteile sind: Höhe 15,5 cm, Breite 10 cm. Meine Maße für den Boden sind: Breite 24,5 cm, Tiefe 11 cm. Achtung: Für die Dachschrägen muss eine Seite 1 cm länger sein, da diese über die

andere Seite ragt. Meine Maße für die Dachschrägen sind: Breite 19 cm, Tiefe 13 cm und das zweite Stück Breite 20 cm, Tiefe 13 cm.

7 Wenn Sie alles zugeschnitten haben, kleben Sie die einzelnen Teile mit der Heißklebepistole zusammen. Zum Schluss kleben Sie noch die zusammengeklebten Toilettenpapierrollen in das Haus.

8 Damit das Haus seine schöne Farbe bekommt, werden zwei Seitenteile je 17 cm x 12,5 cm (Maße überprüfen) aus dem goldenen Fotokarton ausgeschnitten und an der langen Seite 1 cm vom Rand entfernt mit dem Falzbein gefalzt. Danach auf die Hausseiten drei Streifen und auf die Kante einen Streifen Klebeband aufkleben und den Fotokarton damit befestigen. Für das Dach schneiden Sie die Stücke aus dem roten Fotokarton aus, die Maße sind 21 cm x 15,5 cm (Maße überprüfen) und wiederholen die Vorgänge. Nun ein Stück roten Fotokarton à 14,5 cm x 5 cm ausschneiden und in der Mitte mit dem Falzbein falzen, danach mit zwei Streifen Klebeband am Dachfirst befestigen. Als Letztes noch einen 24,5 cm langen und 1 cm breiten Streifen goldenen Fotokarton mit dem Klebeband auf die Kante des Bodens und einen ausgestanzten goldenen Stern in der Mitte am Dach festkleben.

9 Nun können Sie mit ca. 25 cm x 25 cm großen Weihnachtsstoffresten nette Überraschungen verpacken und hinter den Sternen verstecken. Fertig ist das Toilettenpapierrollen-Haus, an dem Sie sicherlich einige Jahre Ihre Freude haben werden. Heben Sie die Stoffreste auf, dann können Sie sie jedes Jahr mit neuen kleinen Überraschungen füllen.

Tipp

Bitte messen Sie das Haus selbst aus, meine Angaben sind nur Richtwerte, da jeder Toilettenpapierhersteller andere Maße der Rollen hat. Wenn Sie die Hausteile zusammenkleben, achten Sie darauf, dass Sie den Heißkleber auf die mit Papier ummantelte Seite des Boards auftragen und erst einen kleinen Moment warten, bis Sie die schmalen Kanten aufsetzen. Das Board besteht innen aus Styropor. Wenn Sie das Styropor auf den sehr heißen Heißkleber drücken, kann es passieren, dass dieser Löcher in das Styropor frisst.

HOLZSCHACHTEL-KALENDER

MATERIAL

6 Holzschachteln, ø 5 cm • 7 Holzschachteln, ø 6 cm • 5 Holzschachteln, ø 9 cm • 4 Holzschachteln, ø 12 cm • 2 Holzschachteln, ø 15 cm
Schere • Bleistift • Brennkolben • Verpackungsschaumstoff, 2 cm stark • Heißklebepistole • Heißklebestifte
3 Bilderhaken mit Gummierung, ø 3 cm • Holzleim • Kieferleiste, 0,5 cm x 3 cm x 100 cm • Paketschnur, ø 3 mm, 1,5 m lang • Vorlage Bogen B

1 Drucken Sie die Vorlage der Zahlen in Originalgröße aus.

2 Schraffieren Sie die Rückseite der Vorlagen mit Bleistift und befestigen Sie diese mittig auf dem Deckel der jeweilig passenden Spanschachtel. Fahren Sie die Zahlen zum Übertragen der Vorlage mit einem Kugelschreiber nach.

3 Fahren Sie nun vorsichtig mit einem Brennkolben die Bleistiftlinien nach. Achten Sie darauf, dass Sie nicht zu lange an einer Stelle bleiben, da es sonst zu stärkeren Verbrennungen kommt und die Linien nicht gleichmäßig werden.

4 Ordnen Sie die Schachteln wie auf dem Bild oder nach Belieben an.

5 Damit die Deckel der Schachteln später aufgehen, müssen zwischen den Schachteln Abstandshalter angebracht werden. Schneiden Sie dafür 1 cm dicke Schaumstoffstücke zu, deren Höhe jeweils an die kleinste angrenzende Schachtel angepasst werden muss. Mit einem Bleistift die Position für die Anbringung der Abstandshalter einzeichnen. Bringen Sie zuerst etwas Heißkleber auf die neu dazukommende Schachtel auf. Warten Sie kurz, bis der Heißkleber etwas abgekühlt ist, damit der Schaumstoff beim Andrücken nicht schmilzt. Übertragen Sie dann die Position auf die angrenzenden Schachteln. Tragen Sie auch hier erst etwas Heißkleber auf die Spanschachtel auf, um nach kurzem Auskühlen die Schachteln miteinander zu verbinden. Zum Festdrücken die Deckel abnehmen und gut zusammendrücken.

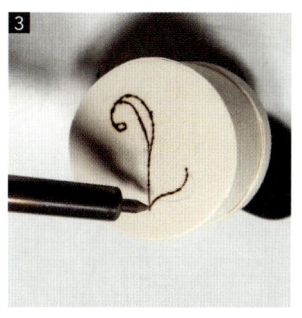
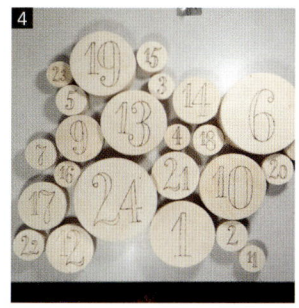
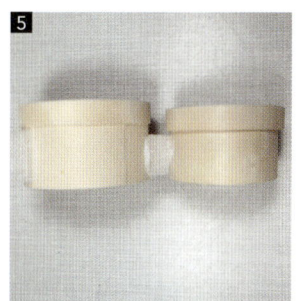
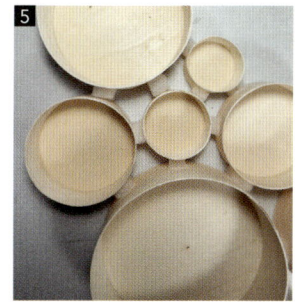

6 Stellen Sie nun das gesamte Gebilde senkrecht auf. Messen Sie vom Boden ca. 32 cm nach oben und setzen Sie horizontal eine Markierung. Die Holzleiste quer auflegen und so zuschneiden, dass sie von vorne gesehen an den Seiten nicht herausragt. Bringen Sie Holzleim auf die Leiste auf und kleben Sie sie auf der Rückseite der Schachteln wie angezeichnet auf. Kleben Sie darunter den Rest der Holzleiste über eine möglichst große Fläche zur Stabilisierung.

7 An der oberen Leiste drei Bilderhaken mit Gummierung anbringen. Die Paketschnur durch alle drei Ösen ziehen und mit einem Nagel an der Wand befestigen.

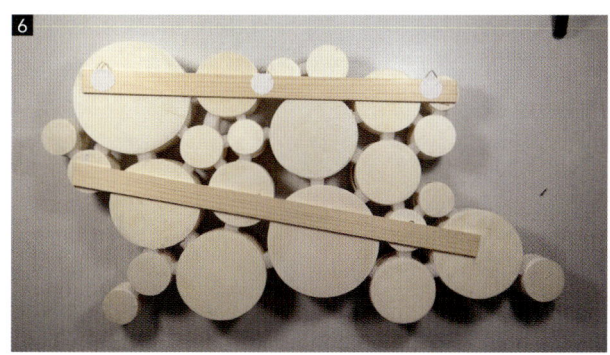

Bemalte GLÄSER

MATERIAL

24 unterschiedlich große Konservengläser (z.B. Joghurt, Tomatensoße usw.) • Acryl-Farbspray matt in Gold, 1 Dose,
Acryl-Farbspray in Tannengrün und Petrolgrün, je 2 Dosen • Fotokarton A4 in Gold, 3 Bogen
Klebeetiketten A4 in Weiß, 1 Bogen, oder Fotokarton • Glitterpapier A4 in Gold, 1 Bogen
Etiketten-Stanzer, 3,5 cm x 5,5 cm, oder Vorlage Etikett • Sternstanzer, 24 mm • Sternstanzer, 35 mm
Bleistift • Schere • Lineal • Stempelfarbe in Schwarz • Clear-Stempelzahlen • Acrylblock zum Stempeln
Sisalschnur in Natur, ø ca. 2 mm, ca.17 m lang • Lochzange (auch Büro-Locher möglich) • Papierkleber oder Bastelkleber
Heißklebepistole oder Kraftkleber • kleine künstliche Zweige, kleine Christbaumkugeln oder Ähnliches zum Verzieren
Einweghandschuhe • Haushaltsfeuchttücher • Vorlage Bogen B

1 Von den sauber ausgespülten Konservengläsern werden die Deckel abgeschraubt und auf einen alten Karton gelegt. Jetzt sprühen Sie mit dem goldenen Farbspray über die Deckel und lassen diese trocknen. Wiederholen Sie den Vorgang, bis die Farbe der Deckel einheitlich Gold aussieht und keine Schrift oder Ähnliches mehr zu sehen ist. Tipp: Sprühen Sie alle Teile im Freien mehrmals dünn ein und lassen Sie sie dazwischen immer gut trocknen. So erzielen Sie ein gleichmäßiges Farbergebnis.

2 Nun sprühen Sie alle leeren Gläser mit dem Tannengrünen und dem Petrolgrün dünn ein und stürzen sie zum Trocknen auf einen alten Karton. Wiederholen Sie auch hier den Vorgang, bis der gewünschte Farbton erreicht ist und alle 24 Gläser eingesprüht sind.

3 Solange, bis die Gläser und Deckel gut durchgetrocknet sind, werden die Etiketten mit den Zahlen vorbereitet. Hierfür mit dem Etiketten-Stanzer 24 Etiketten aus dem goldenen Fotokarton ausstanzen. Wenn Sie keinen Etiketten-Stanzer haben, nehmen Sie die vorher ausgeschnittene Vorlage, zeichnen diese 24-mal auf den goldenen Fotokarton auf und schneiden sie mit der Schere aus.

4 Sind Sie damit fertig, wird in alle Etiketten in der Mitte am oberen Rand mit der Lochzange oder dem Locher ein Loch gestanzt.

5 Nun werden 24 Sternchen mit dem Sternstanzer der Größe 24 mm aus dem Etikettenpapier oder dem weißen Fotokarton gestanzt.

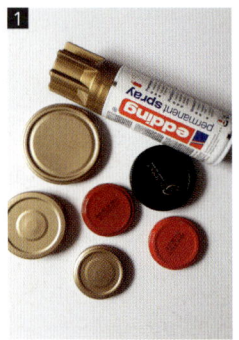
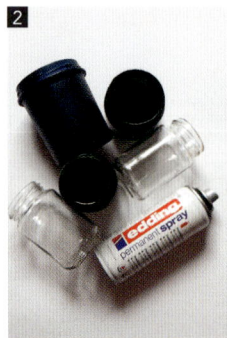

6 Mit dem Clear-Zahlenstempel stempeln Sie die Zahlen 1 bis 24 auf die Sternchen und kleben diese auf die Etiketten. Wenn Sie die Sternchen aus dem weißen Fotokarton ausgestanzt haben, nehmen Sie zum Aufkleben einen Papierkleber.

7 Zur Verzierung werden nun aus dem Glitterkarton in Gold mit dem Sternstanzer in der Größe 35 mm Sterne ausgestanzt und jeweils zwei zusammengeklebt, sodass Vorderseite und Rückseite glitzern.

8 Jetzt geht es ans Verzieren der Gläser! Schneiden Sie von der Sisalschnur 24 Stücke à ca. 70 cm Länge

ab und fädeln das Zahlen-Etikett auf der einen Seite auf. Auf die andere Seite können Sie eine kleine Christbaumkugel fädeln. Binden Sie diese mit einer Schleife um das Glas. Nun können Sie einen kleinen künstlichen Zweig durch die Schnur stecken und mit Heißkleber fixieren. Auch die Glitzersterne lassen sich gut mit Heißkleber ankleben. Haben Sie keinen Heißkleber zur Hand, hält das auch mit einem Kraftkleber.

9 Sind alle 24 Gläser verziert, ist der Adventskalender fertig und lässt sich mit vielen netten Kleinigkeiten füllen und in Ihre Weihnachtsdeko miteinbauen.

Tipp

Beim Ansprühen der Gläser mit Einweghandschuhen arbeiten, dann können Sie das Glas beim Sprühen in der Hand halten und von allen Seiten gut ansprühen und danach zum Trocknen auf einen alten Karton stürzen. Wenn Sie sich die Arbeit mit dem Stempeln der Zahlen und Ausstanzen der Sterne sparen wollen, können Sie auch fertige Adventszahlensticker auf die Etiketten kleben.

Dekoreif mit
TROCKENBLUMEN

MATERIAL

24 Geschenkboxen in Kissenform aus Karton in Weiß und Braun, 7 cm hoch, 9 cm breit • Juteschnur, ø 1 mm, ca. 9 m lang
24 Adventszahlensticker, ø 4 cm • Dekoreif in Weiß, ø 45 cm, 4 mm stark • Trockenblumen (z.B. Strandflieder, Disteln)
kleine Weihnachtskugeln mit Drahthalterung, ø 1,5 cm • dünner Draht in Gold • 3 Holzsterne in Weiß • Äste in Silber
LED-Lichterkette mit Batterien, 3 m lang • Washitape

1 Falten Sie die Geschenkboxen und bringen Sie jeweils einen Adventszahlensticker rechts- oder linksseitig auf. Wickeln Sie ein ca. 35 cm langes Stück Juteschnur einmal herum und knoten Sie es so fest, dass eines der Enden lang bleibt.

2 Legen Sie den Dekoreif vor sich und ordnen Sie die Blumen und Dekoelemente nach Belieben an. Am besten machen Sie davon ein Foto, bevor Sie alles wieder zur Seite legen.

3 Nun auf der linken Seite anfangen, die Blumen entgegengesetzt zum Uhrzeigersinn, also von links nach rechts, zu binden. Dazu die Blume mit dem Stiel auf dem Reif platzieren, mit Draht umwickeln und gut festziehen.

4 Legen Sie nun weitere Trockenblumen leicht überlappend auf die bereits vorhandenen Blumen auf dem Reif und fahren Sie so lange damit fort, bis der Reif ungefähr zur Hälfte mit Blumen bedeckt ist. Zwischen den Blumen können Sie kleine Weihnachtskugeln befestigen. Am Ende den Draht mehrfach knoten und abschneiden.

5 Machen Sie dann mit der gegenüberliegenden Seite spiegelverkehrt weiter, sodass sich die Stiele unten in der Mitte treffen. Alles gut mit Draht umwickeln, am Ende den Draht mehrfach knoten und abschneiden.

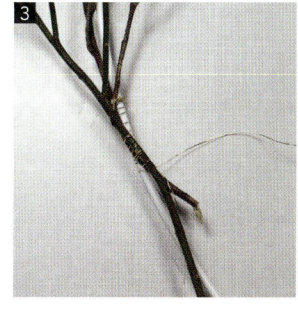

6 Bringen Sie auf dem Zwischenraum, dort wo sich die Stiele treffen, drei Sterne aus Holz an. Befestigen Sie am Reif oben mittig ein Stück Faden.

7 Wickeln Sie nun die LED-Lichterkette vorsichtig um die Blumen und den Reif. Falls der Batteriekasten sehr groß ist, bekleben Sie ihn am besten vollständig mit Washitape in Silber, Gold oder Weiß, damit er nicht so auffällt. Wickeln Sie dann das Ende der Kette mit dem Batteriekasten so um den Reif, dass dieser Teil oben endet und man ihn am Schluss hinter die Geschenkboxen hängen und verstecken kann.

8 Knoten Sie nun nach und nach die vorbereiteten Geschenkboxen am oberen Rand des Reifs mit dem Faden fest. Machen Sie nur einen einfachen Knoten, sodass die Position noch etwas verändert werden kann. Wenn alles an seinem Platz ist, jeden Faden nochmals verknoten, gut festziehen und die überstehenden Enden aller Fäden, bis auf die beiden äußeren, abschneiden. Die beiden äußeren Fadenstücke um die Knoten der anderen Fäden am Reif jeweils von außen zur Mitte hin entlangwickeln und beide Enden in der Mitte verknoten. Dadurch können die Geschenkboxen nicht am Reif nach unten rutschen.

9 Zum Schluss die Geschenkboxen vorsichtig mit kleinen Geschenken befüllen und so positionieren, dass die Zahlen gut sichtbar sind.

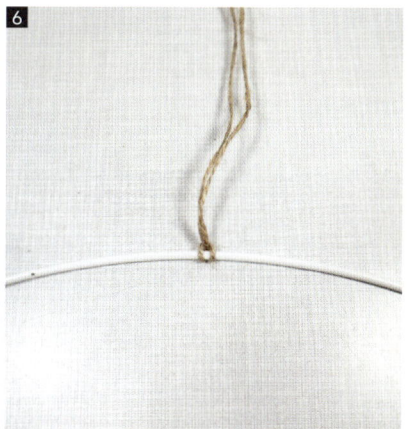

Mappe aus
BRIEFUMSCHLÄGEN

MATERIAL

Briefumschläge C6 Kraftpapier, 24 Stück • Fotokarton A4 in Tannengrün, 1 Bogen • Glitterkarton A4 in Rot und Gold, je 1 Bogen
Adventszahlensticker, ø 4 cm • Sternstanzer mini, 9 mm • Sternstanzer, 15 mm • Sternstanzer, 24 mm
Schneeflockenstanzer, 25 mm • Schneeflockenstanzer, 37 mm • Tannenbaumstanzer, 14 mm • Tannenbaumstanzer, 22 mm
doppelseitiges Klebeband, 6 mm breit • 3D-Klebekissen, 1 mm dick • Papierkleber
Stempelfarbe in Gold, Rot, Schwarz und Tannengrün • Clear-Stempel, verschiedene Weihnachtsmotive
Acrylblock zum Stempeln • Haushaltsfeuchttücher

1 Nehmen Sie die Briefumschläge und kleben Sie auf die Innenseite der Lasche drei Streifen Klebeband. Legen Sie den nächsten Umschlag so auf die Lasche, dass er bündig mit dieser ist. Wiederholen Sie das Verfahren, bis Sie alle 24 Umschläge aneinandergeklebt haben.

2 Nun geht es weiter mit den Zahlenstickern. Diese werden mittig auf die Briefumschläge geklebt. Sie können sie der Reihe nach von 1 bis 24 kleben oder die Zahlen wild durcheinander aufkleben.

3 Jetzt werden die Umschläge verziert. Mit den weihnachtlichen Clear-Stempel-Motiven lassen sich schöne Muster in verschiedenen Farben aufstempeln. Stempeln Sie die Motive versetzt auf, nicht immer auf derselben Seite, so können Sie noch verschiedene Sterne und Schneeflocken dazwischen kleben.

4 Weiter geht es mit dem Ausstanzen der Sternchen, Schneeflocken und Tannenbäumchen. Nehmen Sie hierfür den goldenen oder roten Glitterkarton und den tannengrünen Fotokarton und stanzen Sie nach Belieben die Motive aus. Nun verteilen Sie diese nach Ihrem Geschmack und kleben die einzelnen Teilchen mit den 3D-Klebekissen oder mit Papierkleber an den gewünschten Stellen auf.

5 Fertig ist die Briefumschlagmappe! Mit schönen Bildern, weihnachtlichen Sprüchen, oder leckeren Back- oder Kochrezepten bestückt, verbirgt sie eine Überraschung an jedem Adventstag!

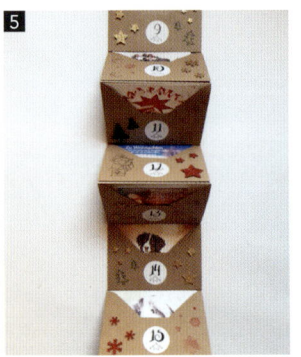

Tipp

Die Clear-Stempel können Sie super mit Haushaltsfeuchttüchern von der Stempelfarbe reinigen. Baby-Feuchttücher eignen sich hierfür jedoch nicht, denn diese sind ölhaltig und die Farbe würde beim weiteren Stempeln schmieren.

Tipp

Wenn die Bäume ausgeschnitten und gefalzt sind, erst einmal jeden Baum zusammenhalten, so kann man kontrollieren, ob alles gut zusammenpasst. Wenn etwas nicht ganz stimmen sollte, kann man es noch etwas nachschneiden, bevor die Bäume zusammengeklebt werden.

Tannenbaum-
ADVENTSKALENDER

MATERIAL

Fotokarton, 50 cm x 70 cm, in Grasgrün, Moosgrün und Tannengrün • Bleistift • Schere • (Metall-)Lineal • Falzbein • Skalpell
Schneideunterlage • doppelseitiges Klebeband, 6 mm breit • Adventszahlen-Sticker, rund, ø 4 cm
Vorlage Bogen B

1 Legen Sie sich die vorher ausgeschnittene Vorlage 1 auf einen Bogen Fotokarton in Tannengrün und zeichnen Sie diese mit dem Bleistift ab. Danach mit der Schere ausschneiden. Mit der Vorlage 2 und 3 wird genauso verfahren. Wiederholen Sie nun das Ganze, bis Sie alle 24 Bäume ausgeschnitten haben. Die Anzahl, die Größe sowie die Farbe können Sie frei wählen.

2 Mit Falzbein und Lineal werden nun die Seiten gefalzt, die auf der Vorlage gestrichelt eingezeichnet sind. Danach knicken Sie die Kanten so, dass Sie einen Baum zusammenstecken können.

3 Bevor Sie den Baum zusammenkleben, halten Sie ihn einmal zusammen und zeichnen mit einem Bleistift an, wo die Schlitze für die Einsteckklaschen geschnitten werden müssen. Danach den Baum wieder öffnen und auf einer Schneideunterlage mit dem Skalpell und einem Lineal an den angezeichneten Stellen die Schlitze einschneiden.

4 Jetzt lassen sich die Bäume problemlos zusammenstecken. Vorher wird an der Seitenlasche ein Streifen Klebeband aufgebracht und der Baum an dieser Stelle zusammengeklebt. Die unteren Laschen werden nur eingesteckt, sodass man den Baum an der Bodenplatte jederzeit öffnen und mit kleinen Überraschungen füllen kann.

5 Nun nehmen Sie die runden Adventszahlensticker und kleben auf jeden Baum eine Zahl.

6 Der kleine Weihnachtswald ist fertig! Füllen Sie die Bäume mit kleinen Überraschungen und dekorieren Sie sie. Zwischen ein paar Windlichthäusern ist er ein Hingucker in jeder Weihnachtsdeko.

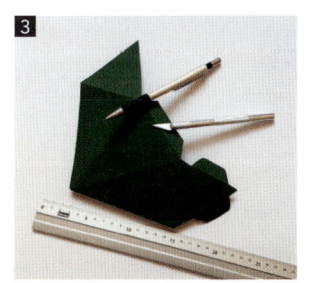
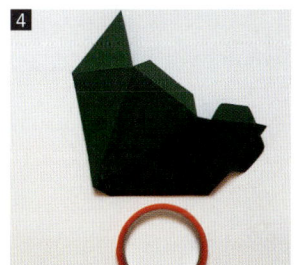

Stoffkalender mit
FÄCHERN

MATERIAL

Baumwoll-Canvasstoff in Natur, ca. 355 g/m², 55 cm breit, 160 cm lang • Stoffmarkierstift, selbstlöschend • Zackenschere
Stoffnadeln • Stoffklammern • Nähmaschine • Nähgarn in Natur • Filzzahlen von 1-24 in Hellgrau, 2 cm hoch • 24 Klebepunkte
Dübelstab, ø 2,2 cm, 1 m lang • Säge • Baumwollfaden in Weinrot, 1,5 m lang • Vorlage Bogen A

1 Zeichnen Sie auf den Stoff mit dem Stoffmarkierstift je sechs Teile mit den Maßen 12 cm x 50 cm übereinander und darunter ein Teil mit den Maßen 82 cm x 47 cm. Die Nahtzugabe von 1 cm ist in den Teilen bereits inbegriffen.

2 Zeichnen Sie zur besseren Orientierung für die folgende Vorlage auf allen 12 cm x 50 cm-Teilen die inbegriffene Nahtzugabe von 1 cm am äußeren Rand ein und unterteilen Sie die sechs Stoffstücke dann jeweils in vier 12 cm breite Stücke (das finale Maß jedes Taschenfachs beträgt 10 cm, die zusätzlichen 2 cm kommen durch die Biese). Schneiden Sie

die Vorlage zurecht und zeichnen Sie wie abgebildet die drei Markierungen pro Fach für die Biesen ein.

3 Nun schneiden Sie mit der Zackenschere alle Stoffteile zu.

4 Bereiten Sie anließend die sechs länglichen Stoffteile zu, die später als Fächer dienen, um sie auf das große Stoffteil aufnähen zu können. Dazu zuerst die obere lange Kante 1 cm nach innen umnähen und danach die beiden kurzen Seiten.

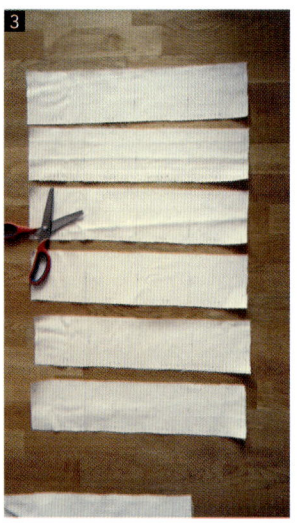
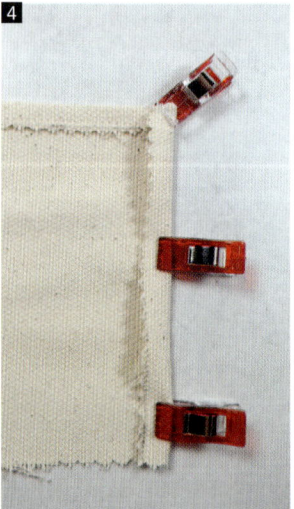

5 Bringen Sie nun auf jedem Stoffteil die vier Biesenfaltungen an, indem Sie jeweils an der mittleren Markierung den Stoff nach links falten und somit die rechte Markierung auf die linke Markierung legen. Streichen Sie dann alles glatt, sodass die Falten im Stoff sichtbar bleiben, und bringen Sie Stoffklammern zur Befestigung an.

6 Setzen Sie ca. 3 cm vom unteren Rand quer mit einer Stecknadel eine Markierung und nähen Sie knapp an der umgeschlagenen Kante mit Geradstich die übereinandergelegte Faltung bis zur Markierung zusammen, sodass eine Biese entsteht.

7 Nähen Sie nun am Rückenteil jeweils die beiden Längskanten 1 cm um. Danach nähen Sie die Schlaufen für den Dübelstab zur Aufhängung oben und zur Stabilisierung und Beschwerung unten. Klappen Sie dafür jeweils die obere und untere kurze Kante 5 cm nach hinten um und stecken Sie sie fest. Nähen Sie knappkantig mit einem Geradstich darüber, sodass anschließend der Dübelstab durchgeschoben werden kann.

8 Bereiten Sie nun die Taschenteile vor, um sie anschließend auf der Rückwand aufzunähen. Stecken Sie dazu vorab mit einer Stecknadel die Biesenteile oben fest, wo sie nicht vernäht sind, damit die sechs Teile einheitlich eine Breite von 40 cm haben, da sie durch die eingenähte Biese nach oben hin sonst breiter werden.

9 Stecken Sie das erste Taschenteil auf der Rückwand fest, indem sie beide Teile rechts auf rechts legen mit der offenen Kante des Taschenteils nach oben zeigend, sodass jeweils rechts und links ein Rand von ca. 2,5 cm bleibt. Vom unteren Rand soll die offene Kante des Taschenteils ca. 7,5 cm entfernt sein. An der unteren noch offenen Kante wird das Taschenteil mit einem Geradstich auf die Rückwand aufgenäht und anschließend nach oben geklappt. Achten Sie darauf, dass Sie langsam mit der Nadel über die dicke Biese nähen, damit die Nadel nicht abbricht.

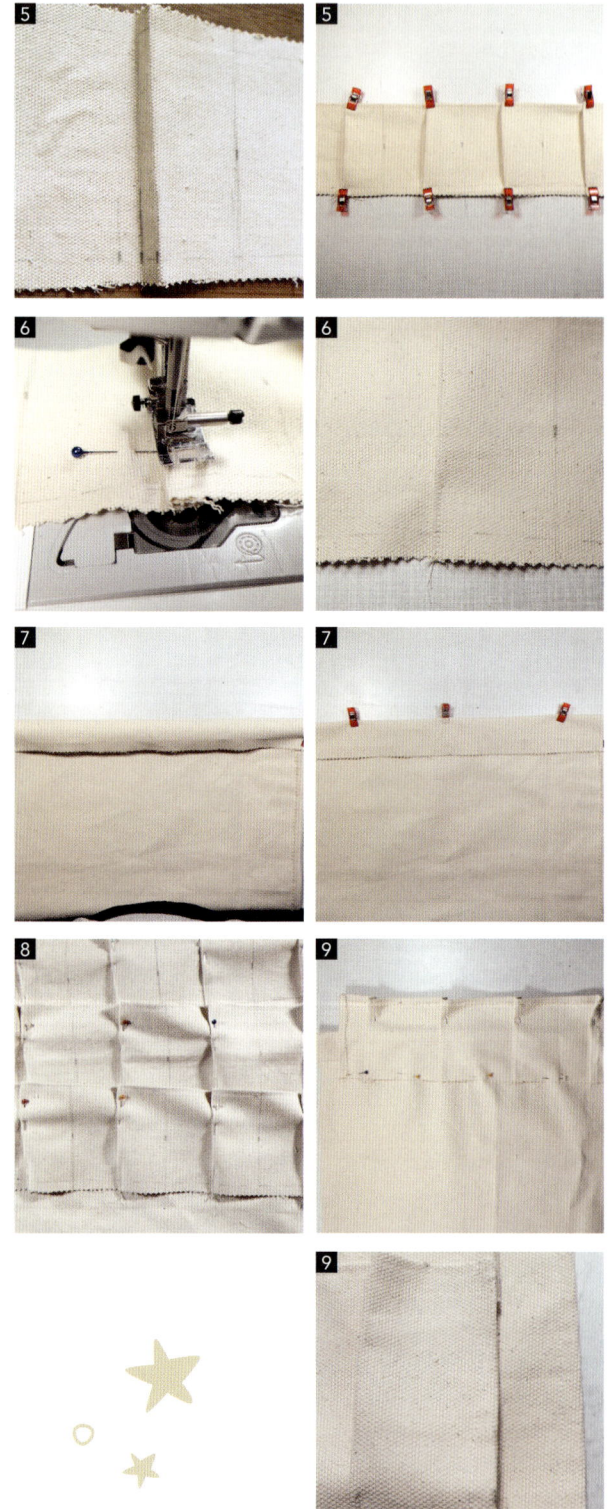

10 Bringen Sie nun das nächste Taschenteil darüber an. Dafür messen Sie 9 cm von der offenen Kante des ersten Taschenteils nach oben und setzen eine Markierung 2,5 cm vom rechten und linken Rand entfernt. Dort legen Sie wie zuvor rechts auf rechts mit der offenen Kante nach oben zeigend das nächste Taschenteil auf und stecken es fest. Die obere Kante des ersten Taschenteils überlappt, wenn nach oben geschlagen, die untere Kante des darüber liegenden Taschenteils. Nähen Sie das Teil wie zuvor auf der Rückwand fest.

11 Verfahren sie mit den übrigen vier Taschenteilen genauso, bis alle Teile aufgenäht sind.

12 Stecken Sie die noch offenen Kanten rechts und links der Taschenteile mit Stecknadeln auf der Rückwand fest und nähen Sie mit einem Geradstich von unten nach oben einmal beide Längskanten fest. Achten Sie auch darauf, dass Sie langsam über die dicken Stellen im Stoff nähen.

13 Unterteilen Sie nun die einzelnen Fächer der Taschenteile, indem Sie dreimal längs von unten nach oben zwischen den Biesen mittig mit einem Geradstich entlang nähen. Verriegeln Sie den Übergang von einem Taschenteil zum nächsten durch vor- und zurücknähen, damit die Fächer beim Befüllen nicht aufreißen.

14 Die Filzzahlen in beliebiger Reihenfolge mithilfe der Klebepunkte auf den Fächertaschen jeweils im oberen rechten Eck aufkleben.

15 Für den unteren Abschluss sägen Sie den Dübelstab auf 43 cm zu, sodass er, wenn eingeschoben, gerade nicht mehr sichtbar ist. Er dient als Beschwerung und Stabilisierung der Rückwand. Den Rest des Dübelstabs nehmen Sie für die Aufhängung oben.

16 Schneiden Sie den Faden in drei 50 cm lange Stücke zu und verzwirbeln Sie ihn. Knoten Sie dann jeweils ein Ende am Dübelstab fest und hängen Sie den Wandkalender mit dem Faden an einem schönen Platz in Ihrer Wohnung auf.

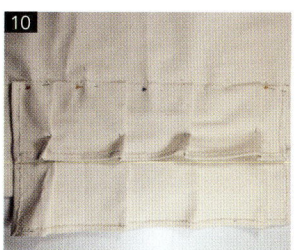

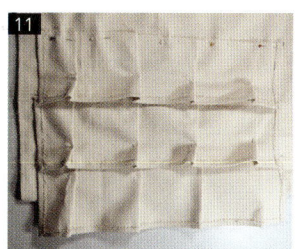

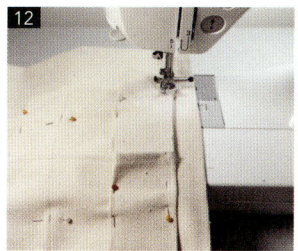
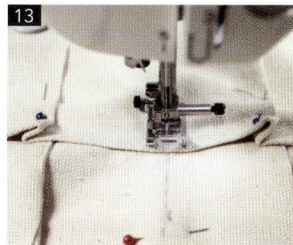

Gutscheinglas-
KALENDER

MATERIAL

Einweckglas, 11 cm x 13 cm • Fotokarton A4 in Rot, 1 Bogen • Kraftpapier A4 in Braun, 300 g, 5 Bogen • Bleistift • Schere
Cutter • Lineal • Zirkel • Adventszahlensticker, ø 4 cm • Sisalschnur Natur, ø ca. 2 mm, ca. 3 m lang • Wäscheklammern, 35 mm
Falzbein • doppelseitiges Klebeband, 6 mm breit • Papierkleber • Sternstanzer, 15 mm • Sternstanzer, 24 mm
Sternstanzer, 35 mm • Rest eines Form Boards oder Pappkarton • Makramee-Garn aus Baumwolle in Natur, ø 3 mm, ca. 6 m
Vorlage Bogen B

Die Makramee-Grundknoten finden Sie auf Seite 71-74.

1 Legen Sie die vorher ausgeschnittene Vorlage auf einen Bogen Kraftpapier und zeichnen Sie diese mit dem Bleistift auf das Kraftpapier ab. Danach mit der Schere ausschneiden. Wiederholen Sie das, bis Sie 24 Kärtchen ausgeschnitten haben.

2 Mit Falzbein und Lineal werden nun die Gutscheinkärtchen in der Mitte gefalzt. Danach klappen Sie die Karten in der Mitte zusammen.

3 Jetzt wird auf jede Karte auf der Außenseite je eine Adventszahl geklebt.

4 Weiter geht es mit dem Deckel des Glases! Hierfür nehmen Sie einen Rest Form Board, wenn vorhanden, oder einen dicken Pappkarton und zeichnen mit dem Zirkel einen Kreis von 12 cm

Durchmesser auf. Schneiden Sie den Kreis aus.

5 Für die Ober- und Unterseite des Deckels wird noch ein Kreis von 13 cm Durchmesser auf einen Bogen Kraftpapier gezeichnet und mit der Schere ausgeschnitten.

6 Mit ein paar Streifen Klebeband werden die Kraftpapierkreise auf der Ober- und Unterseite des ausgeschnittenen Form Boards befestigt.

7 Nun kleben Sie einen streifen Klebeband um den Rand des Form Boards. Schneiden Sie jetzt drei Stränge mit je 70 cm von dem Makramee-Garn zu und legen diese um den Rand, am Ende werden sie mit einem Knoten zusammengebunden. Achtung, wenn Sie einen dünneren Karton nehmen, brauchen Sie weniger Stränge des Makramee-Garns.

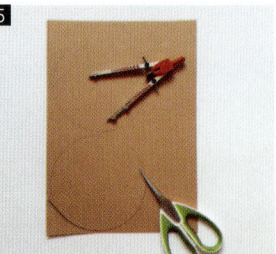

8 Stechen Sie mit der Spitze einer Schere ca. 3,5 cm rechts und links vom Rand ein Loch durch den Deckel. Jetzt werden zwei Stränge mit je 1,5 m vom Makramee-Garn abgeschnitten und durch ein Loch gezogen, durch das oben vier Fäden herauskommen. Die zwei in der Mitte liegenden Fäden sollten ca. 20 cm lang sein, die außen liegenden Fäden ca. 130 cm. Auf der Innenseite verknoten Sie die Fäden.

9 Jetzt werden neun Kreuzknoten geknüpft.

10 Ziehen Sie die überstehenden Fäden nach innen durch das zweite Loch und verknoten sie diese. Dann führen Sie zwei der Fäden zum anderen Knoten und befestigen sie dort. Nun alle überstehenden Fäden. Durch die zwei mittleren Fäden ziehen Sie die 3 m lange Sisalschnur und knoten sie mittig an.

11 Mit den Wäscheklammern werden nun die Gutscheinkärtchen an die zwei Seiten der Sisalschnur geklammert. Wenn der Faden etwas zu lang ist, kann man ihn noch am Ende abschneiden.

12 Jetzt fehlt noch die Verzierung der Oberseite des Deckels. Hierfür stanzen Sie mit den Sternstanzer in den verschiedenen Größen Sterne aus rotem Fotokarton aus und kleben diese auf den Deckel.

13 Die Kärtchen können Sie mit allen möglichen Gutscheinen bestücken: Zum Beispiel für einmal Kaffee trinken mit einer Freundin, für einen Friseurbesuch, Spülmaschine ausräumen, ein romantische Essen zu zweit … es gibt zahlreiche Möglichkeiten!

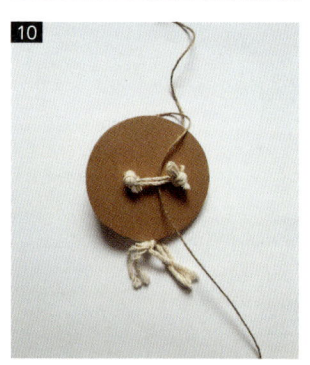

Kalender im
BILDERRAHMEN

MOTIVGRÖSSE:
ca. 40 cm x 50 cm

MATERIAL

Bilderrahmen in Holz(optik), 40 cm x 50 cm • Tonkarton in Braun, A4 • Schere oder Cutter mit Schneideunterlage
Lineal • Fotoecken • ausgedruckte Fotos, 5,6 cm breit x 6 cm hoch • 24 Adventszahlensticker, ø 4 cm
24 Maulklammern in Gold, 2 cm breit • Akkuschrauber • Bohrer, ø 1 mm • 8 Ösenschrauben, ø 2 mm, 1,7 cm
Paketschnur, ø 3 mm, 2,5 m lang • Sekundenkleber • Washitape • Fineliner in Schwarz

1 Scheiden Sie aus dem Tonkarton 24 Kärtchen
zu. Dazu den A4-Tonkarten in der Breite dritteln
und in der Höhe vierteln. Jedes Kärtchen sollte
somit 7 cm breit und 7,4 cm hoch sein.

2 Kleben Sie auf der Vorderseite der Kärtchen
die Adventszahlensticker mittig auf, sodass sich
die kurzen Seiten (7 cm) oben und unten befinden.
Dann kleben Sie auf der Rückseite der Kärtchen
7 mm von den Rändern entfernt zwei Fotoecken in
die jeweils gegenüberliegenden Ecken.

3 Suchen Sie nach Fotos und Sprüchen, die
weihnachtlich sind oder die schönsten Momente
aus dem Jahr wiedergeben, und drucken Sie diese
auf einer Größe von 5,6 cm x 6 cm aus. Zudem
eignet sich die Rückseite der Fotos schön für einen
Gutschein. Ordnen Sie dann die Fotos und Sprüche
den Zahlen auf der Vorderseite zu und stecken Sie
sie in die Fotoecken.

4 Entfernen Sie Rückwand und Glasscheibe aus
dem Bilderrahmen und biegen Sie die Halteklem-
men an den Rand.

59

5 Markieren Sie nun auf den kurzen Seiten des Rahmens mittig auf der inneren Leiste je vier Markierungen für die Ösenhaken. Die erste Markierung befindet sich 3,5 cm vom oberen Rand entfernt, die nächsten jeweils 9 cm von der vorherigen Markierung. Mit einem 1 mm-Bohrer insgesamt acht Löcher für die Ösenhaken bohren.

6 Drehen Sie die Ösenhaken in die vorgebohrten Löcher und fädeln Sie wie abgebildet die Paketschnur durch die Ösen. Die beiden Enden gut verknoten und mit etwas Sekundenkleber sichern.

7 Bekleben Sie den Rahmen und den inneren Rand des Bilderrahmens mit unterschiedlichem Washitape. Da sich Washitape leicht lösen lässt, können Sie die Motive jedes Jahr neu wählen und so dem Bilderrahmen einen neuen „Anstrich" verpassen.

8 Befestigen Sie nun mit den Maulklammern in jeder Reihe sechs Kärtchen mit den Zahlen nach vorne zeigend an der Paketschnur in beliebiger Anordnung.

9 Tag für Tag kann man nun eine Erinnerung aufdecken und das Jahr Revue passieren lassen!

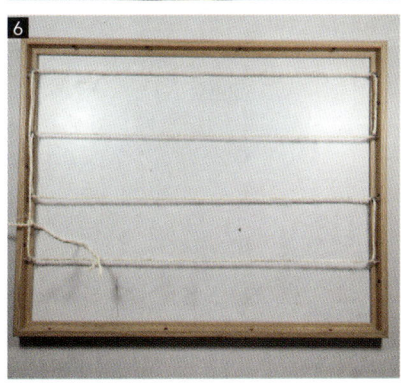

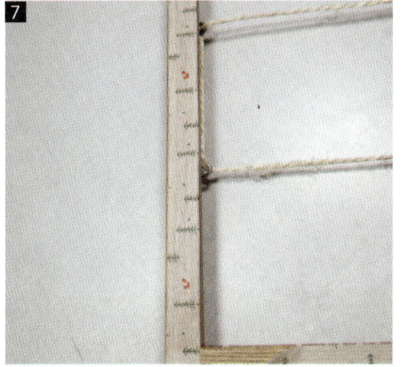

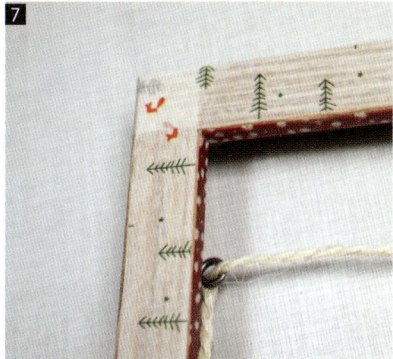

Muffinförmchen-
KALENDER

MATERIAL

Muffinformen, 2 Stück • Fotokarton A4 in Gold und Silber, je 4 Bogen • Tonpapier A4 in Gold und Silber, je 5 Bogen
Glitterkarton A4 in Gold und Silber, je 1 Bogen • Glitter-Adventszahlen-Sticker • Bleistift • Schere • Lineal • Zirkel
doppelseitiges Klebeband, 6 mm breit • Papierkleber • Klebe-Dots • Silikonkleber • Sternstanzer mini, 9 mm
weihnachtliches Schleifenband, 4 cm breit, ca. 3 m lang • kleiner künstlicher Tannenzweig • Vorlage Bogen B

1 Legen Sie sich die vorher ausgeschnittene Vorlage des großen Kreises auf einen Bogen Fotokarton in Gold und zeichnen Sie diese mit dem Bleistift 12-mal ab. Danach mit der Schere ausschneiden. Wiederholen Sie den Vorgang mit dem silbernen Fotokarton. Mit dem Stern, der Schneeflocke und dem Tannenbaum verfahren Sie genauso und schneiden 12 goldene und 12 silberne Motive aus. Am Ende haben Sie 24 große Kreise und 24 Motive.

2 Danach werden die Motive mit dem Klebeband oder dem Papierkleber auf den Kreis geklebt. Immer Gold auf Silber und Silber auf Gold.

3 Nun mit dem Sternstanzer kleine Sternchen aus dem goldenen und silbernen Glitterkarton ausstanzen und nach Belieben als Verzierung mit dem Papierkleber um die Motive kleben.

4 Jetzt nehmen Sie die Adventszahlensticker und kleben mittig auf jeden Kreis eine Zahl von 1 bis 24.

5 Es ist eine nette Überraschung, wenn auf der Innenseite ein kurzer Weihnachtsspruch zu finden ist. Hierfür können Sie sich Sprüche auf dem silbernen und goldenen Tonpapier ausdrucken. Nehmen Sie dann die Vorlage des kleinen Kreises, zeichnen Sie diese um die Sprüche und schneiden Sie sie aus.

6 Mit drei Streifen Klebeband lassen sich die Sprüche problemlos auf die Innenseite des großen Kreises kleben. Wieder Gold auf Silber und Silber auf Gold.

7 Damit die Abdeckungen nicht lose auf den Förmchen liegen, befestigen Sie auf der inneren Seite rechts und links je einen kleinen Klebe-Dot und fixieren so den Deckel. Wiederholen Sie den Vorgang, bis Sie alle 24 Deckel fixiert haben.

8 Zum Schluss kleben Sie einen kleinen künstlichen Weihnachtszweig mit einer schönen Schleife zur Verzierung auf die Form. Achtung: Den Zweig mit Silikonkleber aufkleben, da das Metall sehr glatt ist und darauf kein Heißkleber hält. Wenn die Backform noch zum Backen verwendet werden soll, können Sie den Zweig mit der Schleife auch nur drauflegen.

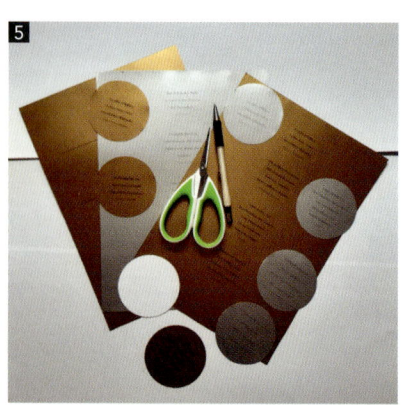

MOTIVGRÖSSE:
je Glas ca.
ø 6 cm, 9 cm hoch

FLASCHENPOST

MATERIAL

24 Gläser mit Korken, ø 6 cm, Höhe 9 cm • Lineal • Klebefilm • Tafelfarbe für Glas und Porzellan • Pinsel
Washitape in 3 verschiedenen Mustern • Kreidemarker in Weiß • Vorlage Bogen B

1 Kleben Sie einen Klebefilmstreifen ca. 4 cm zum unteren Rand entfernt parallel einmal um das Glas herum.

2 Tragen Sie mit einem Pinsel eine Schicht Tafelfarbe auf den unteren Teil des Glases auf. Lassen Sie die Farbe gut trocknen und wiederholen Sie diesen Schritt so oft, bis das Glas vollständig mit Farbe bedeckt ist. Dafür sollten drei Schichten ausreichend sein.

3 Den Klebestreifen vorsichtig entfernen, sodass die Tafelfarbe nicht mit abgelöst wird. Um die Tafelfarbe spülmaschinenfest zu machen, nach Packungsanweisung im Ofen einbrennen. Für den Adventskalender ist dies jedoch nicht notwendig.

4 Kleben Sie entlang der oberen Kante der Tafelfarbe einen Streifen Washitape um das Glas herum, sodass beide Enden bündig aufeinandertreffen.

5 Beschriften Sie nun mit einem weißen Kreidestift anhand der Vorlagen alle Gläser mit den Zahlen von 1 bis 24 und verschönern Sie sie nach Belieben mit weiteren Mustern. Da sich die Kreidefarbe ganz einfach mit einem nassen Schwamm entfernen lässt, können Sie den Stil der Zahlen und der Motive jedes Jahr anpassen.

6 Befüllen Sie die Gläser und stellen Sie sie z.B. auf ein Regal in einer Reihe auf oder stapeln Sie die Gläser übereinander.

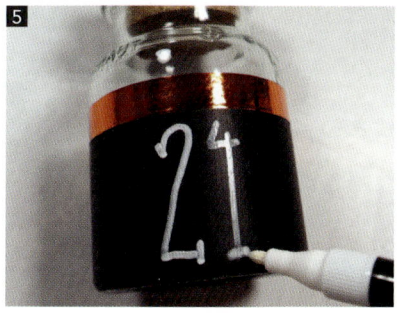

Rollende PINGUINE

MATERIAL

Furniersperrholz Buche, 8 mm stark in den Maßen: 2 x 11 cm x 57 cm (Seiten) • 1 x 11 cm x 37 cm (Boden) • 1 x 11 cm x 25 cm (linke Dachschräge) • 1 x 11 cm x 26 cm (rechte Dachschräge) • 4 x 29 cm x 10 cm (kurze Schrägen) • 4 x 29 cm x 2 cm (Leiste für kurze Schräge) 1 x 37 cm x 10 cm (lange Schräge) • 1 x 29,5 cm x 2 cm (Leiste für lange Schräge) • Furniersperrholz Buche, 6 mm stark in den Maßen: 1 x 37 cm x 75 cm (Rückwand) • Express-Holzleim • Säge • Lineal • Schraub- oder Federzwingen • Schmirgelpapier 24 Marmeladengläser, ø 6,9 cm am Deckel, 9,8 cm hoch • Akkubohrer • 70 Schrauben, 3 mm x 30 mm • Bohrer, ø 2,5 mm Senker • Etiketten-/Stickerpapier, A4 • Schere • Fineliner in Schwarz • eventuell Cutter • 2 Papier-Strohhalme in Weiß, 20 cm lang Satinband, ca. 50 cm lang • Kreide- oder Acrylfarbe in Hellgrau und Rot • Pinsel • kleine Malerrolle • Vorlage Bogen B

1 Drucken Sie die Pinguinvorlage auf das Stickerpapier und schreiben Sie mit einem schwarzen Fineliner die Zahlen 1 bis 24 auf die Bäuche bzw. zwischen das Geweih der Pinguine. Achten Sie darauf, dass in der Zahlenfolge nicht zwei gleiche Pinguine aufeinandertreffen, da die Anordnung der Gläser der Reihenfolge nach erfolgt.

2 Schneiden Sie die Pinguine entlang der Umrandung aus und entfernen Sie das Trägerpapier. Mit einem Cutter gelingt das Entfernen ggf. leichter.

3 Kleben Sie die runden Pinguinsticker mittig auf die Marmeladengläser-Deckel.

4 Schneiden Sie für den Stern zwei Strohhalme in jeweils fünf 7,5 cm lange Stücke und fädeln Sie einen Faden durch alle Stücke, dessen Enden verknotet werden. Basteln Sie den Stern entsprechend der Anleitung auf Seite 26/27.

5 Leimen Sie an die vier vorderen Kanten der Sperrholzstücke 29 cm x 10 cm die jeweils 2 cm x 10 cm lange Leiste im rechten Winkel an. An das Sperrholzstück 37 cm x 10 cm die 29,5 cm x 2 cm lange Leiste im rechten Winkel so anleimen, dass sie linksbündig abschließt. Alles gut trocknen lassen.

6 Da die Schrägen nicht im rechten Winkel auf die Seitenwände treffen, müssen sie jeweils an einer kurzen Seite angepasst werden. Dazu müssen bei zwei der kurzen Schrägen sowie bei der langen Schräge die linken Seiten und bei den anderen zwei Schrägen die rechten Seiten zugesägt werden. Messen Sie wie auf den Fotos zu sehen jeweils von der unteren Kante der Schräge 8 mm und zeichnen Sie bei den kurzen Schrägen jeweils einen Winkel von 95° an. Bei der langen Schräge beträgt der Winkel 103°. Zeichnen Sie die Sägelinie rund herum an und sägen Sie alles zu. Bei der langen Schräge die rechte Seite noch etwas mit Schmirgelpapier abschrägen.

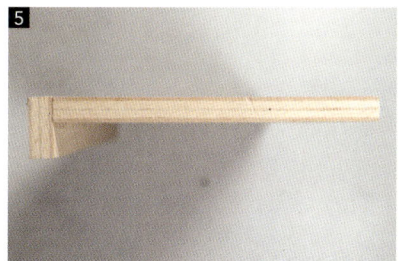

7 Übertragen Sie die Vorlage für das Haus auf die Sperrholzrückwand und bohren Sie wie eingezeichnet die Löcher für die Seitenwände, den Boden, die Dachteile und die Schrägen mit einem 2,5-mm-Bohrer vor. Legen Sie dafür unter die Rückwand ein Stück Holz, damit das Holz auf der Rückseite nicht ausreißt. Versenken Sie anschließend die Löcher auf der Rückseite der Rückwand mit einem Senker für die Schraubenköpfe.

8 Stellen Sie jeweils die Seitenwände, den Boden, die Dachteile und die Schrägen nacheinander hochkant mit der langen Seite auf die Rückwand und übertragen Sie die Position der Bohrlöcher. Bohren Sie dann mittig in die jeweiligen Sperrholzstücke und achten Sie darauf, dass Sie gerade bohren, da das Sperrholz nur 8 mm stark ist.

9 Schrauben Sie von hinten in die Rückwand die Schrauben so weit ein, dass die Spitzen auf der Vorderseite herausragen. Dann setzten Sie das entsprechende Teil von vorne mit den vorgebohrten

Löchern auf die Schraubenspitzen und ziehen die Schrauben nacheinander fest. Fangen Sie dazu mit den Seitenteilen und dem Boden an und machen Sie dann mit den Schrägen und zum Schluss mit den Dachteilen weiter. Um mehr Kraft ausüben zu können, drehen Sie das Haus mit der Vorderseite auf Ihre Arbeitsplatte oder Ihren Boden.

10 Verbinden Sie die Seitenteile an der Außenseite jeweils mit zwei Schrauben mit dem Boden. Dazu jeweils 3 cm vom rechten und linken Rand und 0,4 cm von der unteren Kante entfernt Löcher vorbohren, versenken und anschließend festschrauben.

11 Um die fünf Schrägen zu stabilisieren, bringen Sie eine Markierung 3 cm von der vorderen Kante entfernt auf der Außenseite der Seitenwand an. Für die vertikale Position übertragen Sie die untere Kante der Schräge auf die Seitenwand und verschieben die Markierung 4 mm nach oben (die

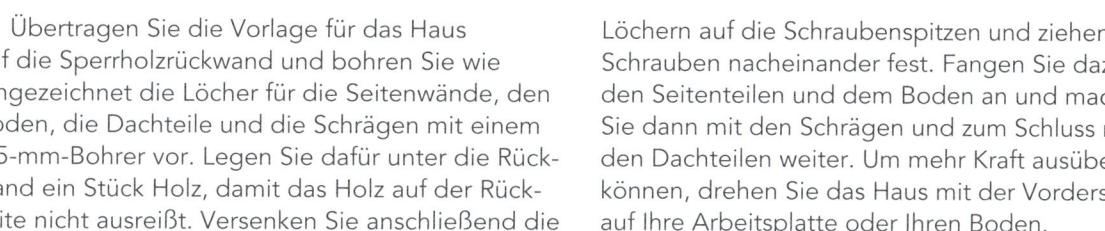

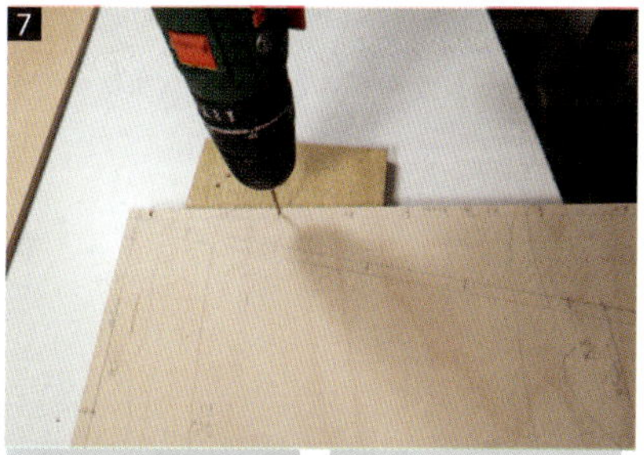

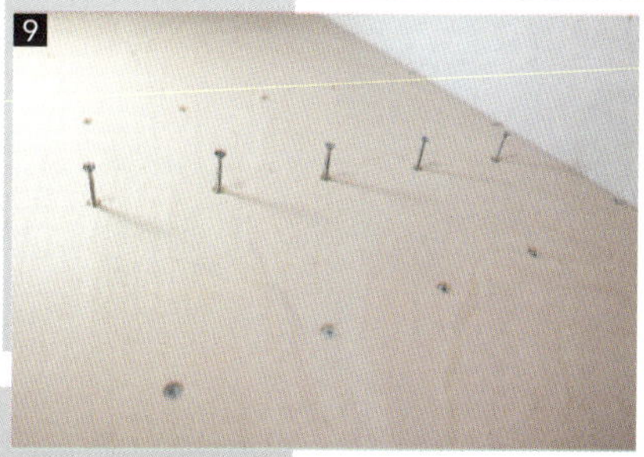

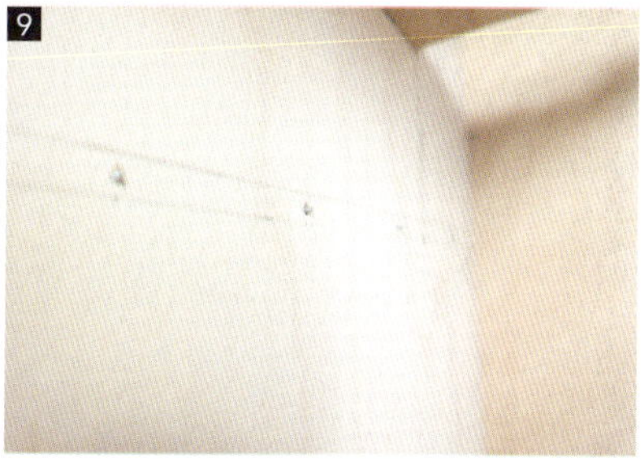

Hälfte der Dicke der Sperrholzbretter). Bohren Sie in die Seitenwand und die Schräge ein Loch vor, das leicht schräg nach unten verläuft. Versenken Sie das Loch und verbinden Sie beide Teile mit einer Schraube. Arbeiten Sie hierbei sehr präzise, da es leicht passieren kann, dass man durch die Oberfläche bohrt.

12 Sägen Sie die Schrägen des Daches auf der Rückwand ab.

13 Da die Dachteile nicht ganz im rechten Winkel aufeinandertreffen, müssen Sie das kürzere Dachteil leicht mit Schmirgelpapier an der kurzen Kante abschrägen. Verbinden Sie die Dachteile miteinander, indem Sie dort, wo beide Teile aufeinandertreffen, 2 cm vom vorderen Rand und 4 mm von der Kante entfernt eine Schraube anbringen. Dazu ein Loch vorbohren, versenken und schräg in das rechte Dachteil bohren.

14 Sobald alles passt, nehmen Sie das Haus wieder komplett auseinander. Malen Sie die Seitenteile, den Boden, die Schrägen und die Rückwand rund herum mit hellgrauer Farbe an. Die Dachteile erhalten auf der Innenseite einen hellgrauen Anstrich und auf der Außenseite und den Kanten einen Anstrich in Rot. Alles gut trocknen lassen und wieder zusammenschrauben. Bevor Sie die Dachteile zusammenschrauben, schieben Sie das Satinband des Sterns dazwischen und klemmen es durch das Zusammenschrauben fest.

15 Befüllen Sie die Marmeladengläser und fangen Sie rechts unten an, alle Marmeladengläser der Reihenfolge nach von Nummer 1 anfangend auf die Schrägen zu legen. Jeden Tag wird dann das unterste Glas entnommen und die restlichen rollen der Schräge nach herunter.

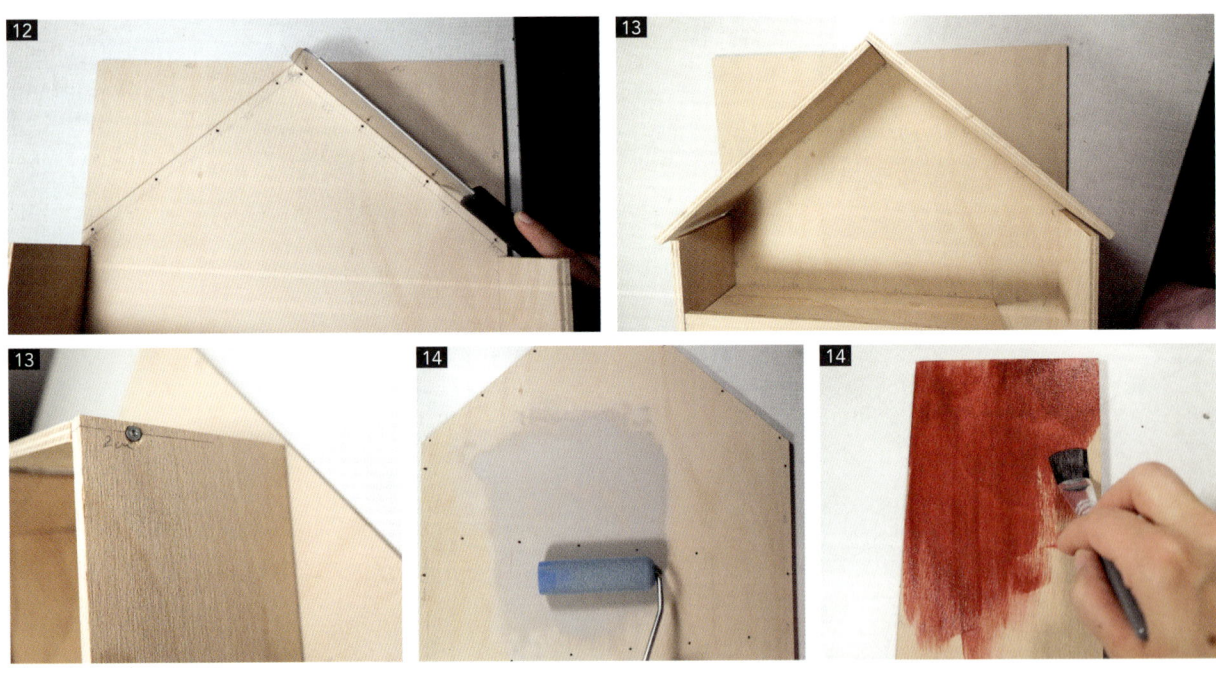

GRUNDLEGENDE KNOTEN

ANKERKNOTEN

Mit dem Ankerknoten können Fäden an einem Objekt wie z. B. einem Holzstab oder einem Ring befestigt werden.

Ankerknoten von vorne geknotet:

1. Die beiden Enden eines Fadens zusammenlegen und die dabei entstehende Schlinge von oben hinter den Holzstab führen.

2. Nun die beiden Enden durch die Schlinge führen und straff ziehen.

Ankerknoten von hinten geknotet:

1. Die beiden Enden eines Fadens zusammenlegen und die dabei entstehende Schlinge von unten hinter den Holzstab führen.

2. Nun die beiden Enden durch die Schlinge führen und straff ziehen.

WELLENKNOTEN

Der Wellenknoten ist ein halber Kreuzknoten und wird bei Makramee üblicherweise mit vier Fäden geknotet. Die beiden mittleren Fäden sind die Trägerfäden. Diese sind passiv und es wird um sie herum geknotet. Die beiden äußeren Fäden sind Arbeitsfäden und mit ihnen wird aktiv geknotet.

1. Legen Sie den rechten Arbeitsfaden nach links über die beiden Trägerfäden.

2. Nun legen Sie den linken Arbeitsfaden über den rechten Arbeitsfaden.

3. Führen Sie den linken Arbeitsfaden unter die beiden Trägerfäden und durch den Zwischenraum des rechten Arbeitsfadens und der Trägerfäden nach vorne.

4. Ziehen Sie die beiden Arbeitsfäden senkrecht zu den Trägerfäden fest.

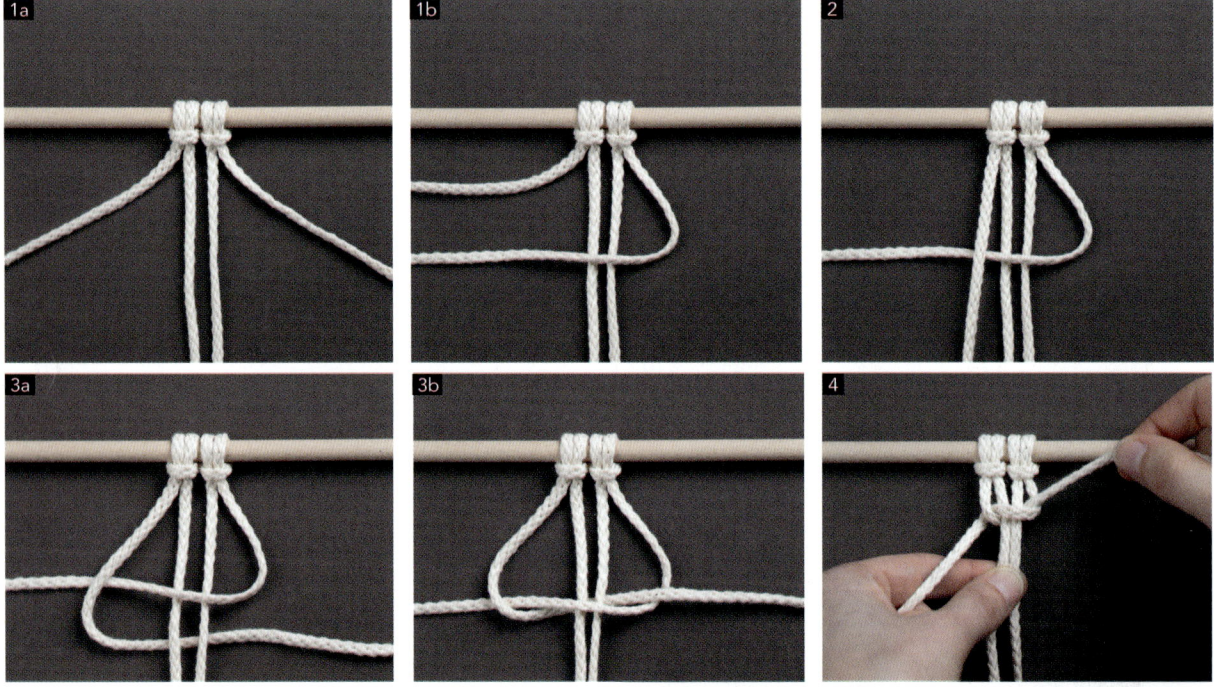

5. Mehrere Wellenknoten untereinander geknotet ergeben einen gedrehten Strang. Schieben Sie zwischendurch immer wieder die Knoten entlang der Trägerfäden zusammen, damit Sie einen einheitlichen Strang erhalten.

Je nachdem wie sehr Sie den Strang entlang der Trägerfäden zusammenschieben, verändert sich der Grad der Drehung des Strangs. Probieren Sie es aus!

LINKS GELEGTER KREUZKNOTEN

Ein Kreuzknoten wird bei Makramee normalerweise mit vier Fäden geknotet. Die beiden mittleren Fäden sind dabei die Trägerfäden. Diese sind passiv und es wird um sie herum geknotet. Die beiden äußeren Fäden sind Arbeitsfäden und mit ihnen wird aktiv geknotet.

1. Knoten Sie den Wellenknoten als ersten Teil des Kreuzknotens.

2. Wiederholen Sie die Schritte spiegelverkehrt. Dazu legen Sie den linken Arbeitsfaden nach rechts über die beiden Trägerfäden. Den rechten Arbeitsfaden über

den linken Arbeitsfaden legen und diesen dann unter die beiden Trägerfäden durch den Zwischenraum des linken Arbeitsfadens sowie der Trägerfäden nach vorne führen.

3. Ziehen Sie den zweiten Teil des Kreuzknotens fest.

4. Mehrere Kreuzknoten untereinander geknotet ergeben einen glatten, gleichmäßigen Strang. Um ein gleichmäßiges Knotenbild zu erhalten, schieben Sie die einzelnen Knoten immer wieder entlang des Trägerfadens nach oben. Es sollte nur wenig der Trägerfäden zu sehen sein.

RIPPENKNOTEN

Mehrere Rippenknoten nebeneinander geknotet ähneln einer Rippe. Beim Rippenknoten werden mehrere Arbeitsfäden mit jeweils zwei halben Schlägen entlang eines Trägerfadens geknotet, um eine Rippe zu erhalten. Man unterscheidet den rechts und links geknüpften Rippenknoten. Sie unterscheiden sich dahingehend, dass beim rechts geknüpften Rippenknoten die Arbeitsfäden nach rechts gehend und beim links geknüpften Rippenknoten nach links gehend über den Trägerfaden gelegt werden. Wird Ihre Rippe also von links nach rechts geknotet, handelt es sich um den rechts geknüpften Rippenknoten, wird sie von rechts nach links geknotet, handelt es sich um den links geknüpften Rippenknoten.

1. Halten Sie den Trägerfaden über die Arbeitsfäden straff in die Richtung, in die die Rippe verlaufen soll. Behalten Sie den Trägerfaden die ganze Zeit straff in der Hand und versuchen Sie diese nicht viel zu bewegen. Knoten Sie nur mit der anderen Hand.

2. Legen Sie den ersten Arbeitsfaden locker über den Trägerfaden.

3. Führen Sie nun den Arbeitsfaden unter den Trägerfaden durch die eigene Schlaufe. Ziehen Sie den ersten halben Schlag entlang des Trägerfadens fest. Der erste halbe Schlag entscheidet über die Position des Knotens. Soll die Rippe direkt entlang der Knotenreihe zuvor geknotet werden, ziehen Sie den ersten halben Schlag fest, bis er direkt an der Knotenreihe davor liegt. Wird ein Zwischenraum gewünscht, so ziehen Sie den ersten halben Schlag nur so weit fest, dass er im gewünschten Abstand zur Knotenreihe davor liegt.

4. Für den zweiten halben Schlag werden die Schritte 2–3 wiederholt.

5. Ziehen Sie den zweiten Umschlag fest.
Der zweite halbe Schlag fixiert den Rippenknoten.

LINKS GEKNÜPFTER RIPPENKNOTEN · RECHTS GEKNÜPFTER RIPPENKNOTEN

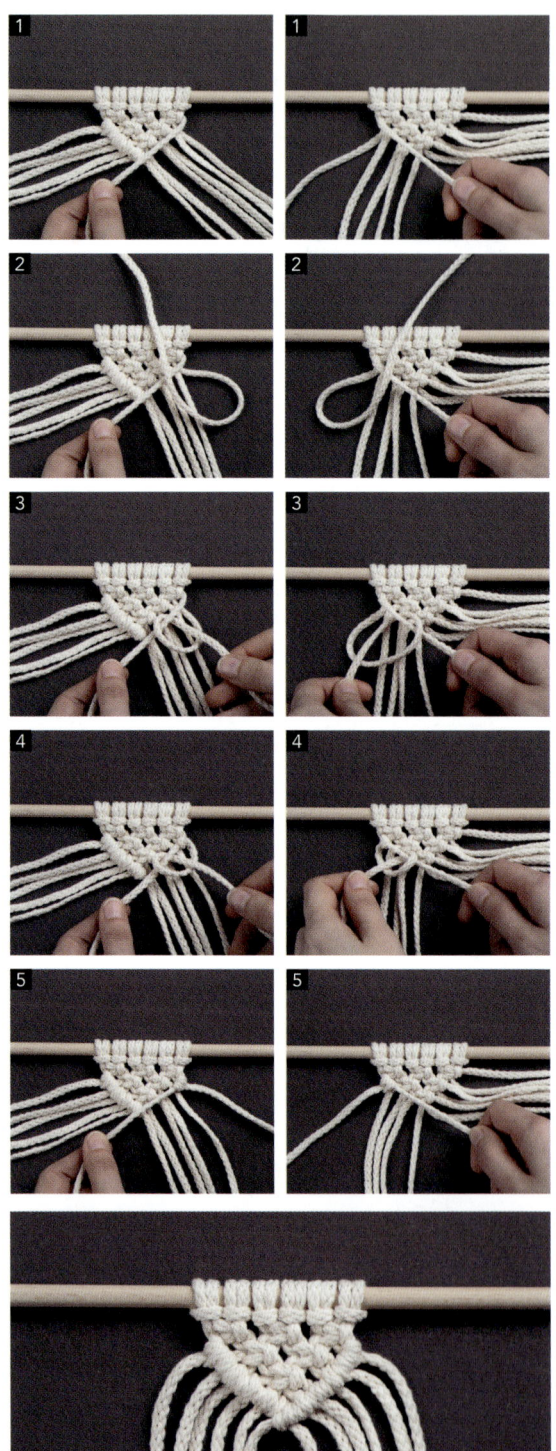

Buchempfehlungen für Sie

Noch mehr Kreativ-Bücher für Weihnachten gesucht?

ISBN 978-3-7724-25025-6

ISBN 978-3-7724-25054-6

ISBN 978-3-7724-25045-4

ISBN 978-3-7724-25061-4

ISBN 978-3-7724-25024-9

ISBN 978-3-7724-25052-2

ISBN 978-3-7724-25065-2

ISBN 978-3-7724-25062-1

ISBN 978-3-7724-4570-5

Viele weitere Kreativ-Bücher finden Sie auf www.TOPP-kreativ.de

KREATIV-HOTLINE

Hilfestellung zu allen Fragen, die Materialien und
Bücher zu kreativen Hobbys betreffen: Frau Erika Noll
berät Sie. Rufen Sie an oder schreiben Sie eine E-Mail!
Telefon: 0 50 52 / 91 18 58*

*normale Telefongebühren

E-Mail: mail@kreativ-service.info

DIGITALE BIBLIOTHEK

Die Vorlagen zu diesem Buch stehen in Ihrer digitalen
Bibliothek unter www.topp-kreativ.de/digibib nach erfolgter
Registrierung zum Ausdrucken bereit.

Ihr Freischaltcode lautet: 51320.

Sie suchen nach netten Kleinigkeiten zum Befüllen Ihres Adventskalenders? In Ihrer digital-
en Bibliothek können Sie sich mit Inboxing-Videos zu Kalendern dieses Buches inspirieren
lassen! Hier finden Sie kleine DIY-Geschenkideen, die perfekt in Ihre Türchen passen!

Fotos: frechverlag GmbH, 70839 Gerlingen; lichtpunkt, Michael Ruder, 70176 Stuttgart;
Produktmanagement und Lektorat: Melissa Portz, Laura Maier, Eva Schrecklinger
Modellerstellung, Schrittfotos und Text: Lisa Schmidt: 8/9, 12-14, 22-27, 30-35, 39-41, 45-47,
52-55, 59-61, 65-70; Alexandra Jung: S. 10/11, 15-21, 28/29, 36-38, 42-44, 48-51, 56-58, 62-64
Grundanleitung und Schrittfotos: Josephine Kirsch, S. 71-74
Vorlagen: Ludmila Blum, S. 65 (Zahlen); Annika Sauerborn, S. 65 (Motive); Shutterstock,
Bogu, S. 39/40, 1186415866 (Zahlen)
Herstellung: Katrin Röhlig
Satz: DSR Werbeagentur Rypka GmbH
Covergestaltung: Eva Hook, Melanie Herrmann
Druck: Livonia Print SIA, Lettland

1. Auflage 2022
© 2022 frechverlag GmbH, Dieselstr. 5, 70839 Gerlingen, einem Unternehmen
der Penguin Random House Verlagsgruppe GmbH, München

ISBN 978-3-7358-5043-0 • Best.-Nr. 25043

Penguin Random House
Verlagsgruppe
FSC© N001967